डायरी के पन्ने.......

राजेश कुमार गोयल 'योगी '

Copyright © Rajesh Kumar Goel ' Yogi '
All Rights Reserved.

This book has been self-published with all reasonable efforts taken to make the material error-free by the author. No part of this book shall be used, reproduced in any manner whatsoever without written permission from the author, except in the case of brief quotations embodied in critical articles and reviews.

The Author of this book is solely responsible and liable for its content including but not limited to the views, representations, descriptions, statements, information, opinions and references ["Content"]. The Content of this book shall not constitute or be construed or deemed to reflect the opinion or expression of the Publisher or Editor. Neither the Publisher nor Editor endorse or approve the Content of this book or guarantee the reliability, accuracy or completeness of the Content published herein and do not make any representations or warranties of any kind, express or implied, including but not limited to the implied warranties of merchantability, fitness for a particular purpose. The Publisher and Editor shall not be liable whatsoever for any errors, omissions, whether such errors or omissions result from negligence, accident, or any other cause or claims for loss or damages of any kind, including without limitation, indirect or consequential loss or damage arising out of use, inability to use, or about the reliability, accuracy or sufficiency of the information contained in this book.

Made with ♥ on the Notion Press Platform
www.notionpress.com

श्रीमती कनक लता गोयल १९६३ -२०२१

श्रीमति कनक लता गोयल एक पुण्यात्मा संवत २०२० पौष माह की पूर्णिमा को अवतरित, बाल्यकाल से ही उत्कर्ष, धीर और गंभीर, अर्थशास्त्र और राजनीती शास्त्र से स्नातकोत्तर होने के साथ साथ घर की व्यवस्था को सुचारू रूप से चलाने में दक्ष, विभिन्न सोपानो में सफल होते हुए, जिसका विवाह एक विरक्त पुरुष के साथ हुआ. उसकी जीवन संगिनी बन कर ग्रहस्थी के सभी दायित्वों को पूर्ण किया. अपने ज्ञान और कौशल से परिवार को श्रेष्ठतम, उत्कृष्ट बनाने, समाज की बुराइयोंको समाप्त करने में अपना जीवन समर्पित कर दिया. विभिन्न मनीषियों ऋषियों के उपदेशो का मनन एवं अपने स्वयम के अनुभवो को साझा किया और अपनी डायरी में अंकित किया. प्राणी मात्र के कल्याण की चिंता, एवं

कार्य करते हुए ब्रह्मलीन हो गयी.

क्रम-सूची

क्रम-सूची

प्रस्तावना

डायरी लिखना एक अच्छा अभ्यास है दिन भर उठे सैकड़ो विचार, अनुभव आदि को रात को सोने से पूर्व डायरी में अंकित कर देने से मन मस्तिस्क शांत हो जाता है तथा दिन भर के विशेष कार्यो का अभिलेख भी तैयार हो जाता है. जिसके आवश्यकता पड़ने पर सदुपयोग किया जा सकता है. अपने कृत्यों को भी जब डायरी में लिखा जाता है और बाद में जब उसका अवलोकन करते है तो उसकी विशिष्टता अथवा खामिया जब दिखाई देती है तब आत्मसुधार का आधार बन जाती है. अतः अपने विचारो को डायरी में लिखने से अपने आचरण में अभूतपूर्व सुधार होने की दिशा में अच्छा कदम होता है. एसा भी है कि मनुष्य की सबसे अच्छी मित्र अच्छी पुस्तके होती है क्योंकि उनको पढने के समय पाठक के स्वाभिमान को कोई ठेस पहुंचे बिना आवश्यक सुधार के बिंदु उसके अवचेतन मन तक पहुँच जाते है. और मनन व आचरण करने से मनुष्य का जीवन बदल सकता है.

मेरी धर्मपत्नी स्व.कनक लता गोयल जी जो कि राजनीति शास्त्र एवं अर्थ शास्त्र से दोहरा स्नातकोत्तर थी. वह मेरे साथ बातचीत के समय जन साधारण के जीवन से जुड़ी आवश्यक जानकारी जो कि विभिन्न ऋषियो, मनीषियों अथवा विद्वानों की वार्ताए मुझसे साझा करती थी. और स्वयम डायरी में अंकित करती थी. उन्होंने मुझेभी कितनी ही बार कहा कि अपने शौक के अनुसार मुझे अध्यापक होना चाहिए था, लेकिन मै तकनीकी क्षेत्र में था और कितनी ही बार मुझे लेख आदि लिखने को भी प्रेरित करती थी. परन्तु अपनी रेलसेवा के कार्यकाल में समय ने मिल पाने के कारण इस विषय पर कुछ नही कर पाया. और मन बनाया कि रेल सेवा से सेवा निवृत होने के पश्चात, भारत दर्शन हेतु देशाटन करेंगे और उसके पश्चात इस लेखन कार्य को ही करेंगे. मैंने ३१ जनवरी २०२१ को रेल सेवा से सेवा निवृत होने के पश्चात अपना २०२१ में इस की योजना बनायी. फरवरी में सर्दी थी, मार्च, अप्रैल में कोरोना नेअपना आतंक मचाया. १ मई २०२१ को उनकी हृदयगति रुक जाने से मृत्यु हो गई, आज वह स्थूल रूप से इस संसार में नहीं हैं लेकिन उनकी सूक्ष्म चेतना हमारे साथ प्रत्येक क्षण विद्यमान है. उनके साथ हुई वार्ताएं, अनुभव, संस्मरण और विचार इस पुस्तक के माध्यम से साझा कर रहा हूँ. व्याकरण आदि का अधिक ज्ञान न होने के कारण भाषा त्रुटिया होना स्वाभाविक है. अतः पाठको से निवेदन है कि मेरी इन त्रुटियों को क्षमा करते हुए, इसमें उपलब्ध ज्ञान के प्रसार हेतु मेरे इस प्रथम प्रयास को सफल बनाने का सहयोग करेंगे और अपने सुधार से सम्बन्धित सुझाव भी देंगे. इस पुस्तक के लिखने में प्रत्यक्ष और परोक्ष रूप से जिन साथियों ने सहयोग किया है उन सबका आभार.

राजेश कुमार गोयल 'योगी'

भूमिका

एक बार जब हम दौनो पति पत्नी माँ शाकम्भरी के दर्शन हेतु गये, वहां दर्शनों के पश्चात वापस लौटते हुए मैंने उनसे पूछा की माता शाकुम्भरी से अपने क्या माँगा ? उन्होंने मुझसे कहा कि हमारे पास सबकुछ है. तदपि हम जब किसी भी पूजा स्थल में जाते है तो हम भगवान से कुछ न कुछ मागते है, कभी यह सोचा कि जब हम अपने किसीस्वजन के यहाँ जाते है, तो वहां कुछ भेट लेकर जाते है, उनके पास बैठते हैं और उनके व उनके परिवार के हाल चाल पूछते हैं, उनका दुःख सुख आपस में बाटते हैं और उन्हें कहते है किहमारे योग्य कोई सेवा हो तो बताना, इससे मित्रता बढ़ती है. और जब भी हम पूजास्थल मेजाते है तो जल्दबाजी में दीया बाती करके भगवान के समक्ष अपनी मांगे रखने लगते हैं, क्या हम उन्हें अपना नहीं मानते ? हनुमान जी से परिवार मागने लगते है, शिवजी से धन मांगने लगते हैं. कभी उनके पास नहीं बैठते, उनकी परेशानियां नहीं पूछते. जब हम २ से १० सदस्य के परिवार का दायित्व निभाने में ही इतने चिंतातुर हो जाते हैं, तो भगवान जिनके परिवार में अरबो खरबों जीव जंतु हैं, उनकी क्या हालत होती होगी.

क्या हमें भगवान के सामने कुछ समय बैठ कर उनसे उनके हालचाल नही पूछने चाहिए और उनके कार्यो को करने की इच्छा शक्ति एकत्र करनी चाहिए. इसीको उपासना कहा गया है. वास्तव में हमारे पूजास्थल ऊर्जा के केंद्र है जहाँ सकारात्मक ऊर्जा विद्यमान होती है. हमें स्वयम को सकारात्मक करने के लिए पूजा स्थल में भगवान के समक्ष कुछ समय बैठ कर अपने अंदर भरी हुई नकारात्मक उर्जा को निकलकर, साकारात्मक उर्जा को ग्रहण करना चाहिये जिससे हम दिन भर उर्जावान और सकारात्मक रहकर अपने नियोजित कठिन से कठिन कार्य भी आसानी से कर सकते हैं. भगवान के समक्ष बैठकर उनके साथ एकरूप हो जाना, इसे ही उपासना कहा गया है.

भगवान से शक्ति ग्रहण करने हेतु अर्चना करना यह आराधना कहलाता है.

भगवान के सकारात्मक कार्यो को करने की योजना बनाकर उनको पूरा करना यह साधना कहलाता है. और सनातन संस्कृति के यह तीन ही कार्य है जो हमारे ऋषियों ने किये. हमे भी उनका अनुकरण करना चाहिए ताकि स्वयं, अपने परिवार, समाज और राष्ट्र के साथ विश्व को सही दिशा दे सके. समाज का सबसे आवश्यक कार्य है, हर हाथ को काम. इसी से हर पेट को रोटी, हर तन को कपडे और हर सर को छत मिल सकती है. प्राचीन काल में गुरुकुलो में प्रत्येक विद्यार्थी अध्ययन हेतु जाता था, वहां पर बिना भेद भाव के एक जैसा वेश और एक जैसी शिक्षा विद्यार्थी को मिलती थी तथा प्रत्येक विद्यार्थी को ६४ कलाओ का ज्ञान ६४ योगिनी की तपस्या से कराया जाता था. श्री राम श्री कृष्ण अदि महापुरुषों ने गुरुकुलो से ही शिक्षा ग्रहण की थी. इसलिए गृहस्थ धर्म में आने के पश्चात कोई भी व्यक्ति बेरोजगार नहीं होता था. अंग्रेजो ने सबसे पहले गुरु कुल समाप्त किये तथा गुलामी की प्रतिक अपनी शिक्षा निति लागू की.

आमुख

देव मंदिर

1

मंगलाचरण

देव, पितृ एवं ऋषि वंदना

गुरुर्ब्रह्मा गुरुर्विष्णु गुरुर्देवो महेश्वरः, गुरुरसाक्षात परब्रह्म तस्मै श्री गुरवे नमः.

ध्यान मूलं गुरुमूर्ति पूजामूलं गुरुपदम, मन्त्रमूलं गुरुर्वाक्यम मोक्ष मूलं गुरु कृपा.

ॐ भूर्भुव स्वः तत्सवितुरवरेण्यम, भर्गो देवस्य धीमहि धियो यो नःप्रचोदयात.

तीनो लोको के स्वामी प्राणस्वरूप, दुःखनाशक, सुखस्वरूप उस तेजस्वी, पापनाशक, प्रकाशवान एवं श्रेष्ठ परब्रह्म को हम अपने हृदय में धारण करते है, जो हमारे मन के कषायकल्मषो को दूर करके हमारे भीतर देवत्व को विकसित करे.

श्री गणपति जी

ॐ गं गणपते नमः.

ॐ एकदन्ताय विद्महे वक्रतुण्डायधीमहि, तन्नो बुद्धि प्रचोदयात.

गजाननम भुतगणादिसेवितं, कपित्थजम्बोफलचारूभक्षणं.

उमासुतं शोकविनाश कारकम, नमामि विघ्नेश्वर पादंपंकजम.

श्री हनुमान जी

ॐ हं हनुमते नमः.

ॐ अन्जनिसुतायविद्महे वायुपुत्राय धीमहि, तन्नो मारुतिः प्रचोदयात.

श्री त्रिशक्ति माता जी

ॐ ऐं ह्रीं क्लिं चामुंडाये विच्चे नमः

ॐ सरस्वत्ये विद्महे ब्रम्ह पुत्रियधीमहि तन्नो देवी प्रचोदयात.

ॐ महालक्ष्म्यैविद्महे विष्णुप्रियाय धीमहि तन्नो लक्ष्मी प्रचोदयात.

ॐ गिरिजायै विद्महे शिवप्रियाये धीमहि तन्नो दुर्गा प्रचोदयात.

श्री त्रिदेव जी

ॐ चतुर्मुखाय विद्महे हंसारूढाय धीमहि तन्नो ब्रम्हा प्रचोदयात.

ॐ नारायणाय विद्महे वासुदेवाय धीमहि तन्नो विष्णु प्रचोदयात.

ॐ पञ्चवक्त्राय विद्महे महादेवाय धीमहि तन्नो रूद्र प्रचोदयात.

श्री महामृत्युन्जय मन्त्र

ॐ   त्रय्म्बकमयजामहे सुगंधिमपुष्टिवद्र्धनम उर्वारुकमिव वंदनान मृत्योर्मुक्षीयमामृतात.

श्री सूर्य देवता जी

ॐ भास्कराय विद्महे दिवाकराय धीमहि तन्नो सूर्य प्रचोदयात.

देव, महयोगियो एवं पित्रों को

ॐ देवताभ्य, पित्रभ्यश्च, महयोगिभ्य एव च, नमः स्वाधाय स्वाहाय नित्यमेव नमोस्तुते.

किस वृक्ष की पूजा से मिलता है क्या फायदा

ज्योतिष शास्त्र के अनुसार कुछ विशेष पेड़-पौधों की पूजा करने से हमारी कुंडली के दोष तो दूर होते ही हैं साथ ही जीवन की अनेक परेशानियों से छुटकारा भी मिल सकता है। आइये जानते है किन पेड़-पौधों की पूजा से हमें क्या फायदा हो सकता है।

तुलसी : - जिस घर में रोज़ तुलसी के पौधे की पूजा होती है, देवी लक्ष्मी उस घर को छोड़कर कहीं नहीं जाती। वहां हमेशा सुख-समृधि बनी रहती है।

पीपल : - हिन्दू धर्म में पीपल को पूजनीय वृक्ष माना गया है। इसकी पूजा करने से शनि दोष से मुक्ति मिलती है, साथ ही भगवान विष्णु की कृपा भी प्राप्त होती है।

नीम : - इसकी पूजा करने से कुंडली के सभी दोष दूर होते हैं व रोगों से छुटकारा भी मिलता है। परिवार में सुख-शांति बनी रहती है।

बरगद : - इसे बड़ व वट वृक्ष भी कहते है। इसकी पूजा से महिलाओं का सौभाग्य अखंड रहता हैं व संतान संबंधी समस्याएं भी दूर होती है। ये बहुत ही पवित्र पेड़ है।

आंवला : - इस पेड़ की पूजा से देवी लक्ष्मी प्रसन्न होती हैं और पूजा करने वाले को धन संबंधी कोई समस्या नहीं होती। उसे हर क्षेत्र में सफलता मिलती है।

बिल्व :- इस पेड़ के पत्ते व फल भगवान शिव को अर्पित किए जाते हैं। इसकी पूजा से नौकरी में प्रमोशन के योग बनते हैं व अकाल मृत्यु से रक्षा होती हैं।

अशोक : - इस की पूजा से सभी प्रकार के रोग-शोक दूर होते हैं व पारिवारिक जीवन सुखी होता है। किसी विशेष कामना पूर्ति के लिए भी इसकी पूजा की जाती है।

केला : - जिन लोगों की कुंडली में गुरु संबंधित दोष होते हैं, वे यदि इस पेड़ की पूजा करें तो उन्हें लाभ होता है। इसकी पूजा से विवाह के योग भी शीघ्र बनते हैं।

शमी :- इस पेड़ की पूजा से शत्रुओं पर विजय मिलती हैं व कोर्ट केस में सफलता मिलने के योग बनते हैं। दशहरे पर इसकी विशेष पूजा की जाती है।

लाल चन्दन :- सूर्य से संबंधित गृह दोष दूर करने के लिए लाल चंदन के पेड़ की पूजा विधि-विधान से करनी चाहिए। इससे प्रमोशन होने के योग भी बनते हैं।

परिवार की समस्त सुख शांति और समृद्धि हेतु सभी को वृक्षारोपण ओर उनका नियमित पालन करना चाहिए. अपनी संतति को जीने के लिए आवश्यक प्राण वायु और प्राणरक्षक औषधीय हेतु अति आवश्यक है.

श्री महालक्ष्म्यष्टकं

नमस्तेऽस्तु महामाये श्रीपीठे सुरपूजिते. शंखचक्रगदाहस्ते महालक्ष्मी नमोस्तुते..१..

नमस्ते गरूढारुढ़े कोलासुभयंकरी. सर्वपापहरे देवि महालक्ष्मी नमोस्तुते..२..

सर्वज्ञे सर्ववरदे सर्वदुष्टभयइकरि. सर्वदुखहरे देवि महालक्ष्मी नमोस्तुते..३..

सिद्धिबुद्धिप्रदे देवि भुक्तिमुक्तिप्रदायिनि. मन्त्रपूते सदा देवि महालक्ष्मी नमोस्तुते..४..

आद्यन्तरहिते देवि अद्यशक्तिमाहेश्वरी . योगजे योगशम्भूते महालक्ष्मी नमोस्तुते..५..

स्थूलसूक्ष्ममहरोद्रे महाशक्तिमहोदरे. महापापहरे देवि महालक्ष्मी नमोस्तुते..६..

पद्मासनस्थिते देवि परब्रह्मस्वरूपिणि. परमेशिजगन्मातमहालक्ष्मी नमोस्तुते..७..

श्वेताम्बरधरे देवि नानालंकारभूषिते. जगत्स्थितेजगन्मातमहालक्ष्मी नमोस्तुते..८..

महालक्ष्म्यष्टकं स्तोत्रं यः पठेत्भक्तिमान्नरः. सर्व सिद्धिमवाप्नोती राज्यं प्राप्नोति सर्वदा..९..

एककाले पठेन्नित्यं महापापविनाशनं. दिवकालं यः पठेन्नित्यं धनधान्यसमन्वित..१०..

त्रिकालं यः पठेन्नित्यम महाशत्रुविनाशिनी. महालाक्ष्मिर्भवेनित्यम प्रसन्ना वरदा शुभा..११..

भवान्यष्टकम

न तातो न माता न बन्धुर्न दाता, न पुत्रो न पुत्री न भर्त्यो न भर्ता.

न जाया न विद्या न वृतिर्मैव, गतिस्त्वं गतिस्तवं त्वमेका भवानि..१..

भवाब्धावपारे महादुख भीरु:,पपात प्रकामी प्रलोभी प्रमतः.

कुसंसारपाशप्रबद्ध: सदाहं, गतिस्त्वं गतिस्तवं त्वमेका भवानि..२..

न जानामि दानं न च ध्यानयोग, न जानामि तन्त्रं न च स्तोत्र मंत्रम.

न जानामि पूजां न च न्यासयोग, गतिस्त्वं गतिस्तवं त्वमेका भवानि..३..

न जानामि पुण्यं न जानामि तीर्थम,न जानामि मुक्ति लयं वा कदाचित.

न जानामि भक्तिंव्रतं वापी मात, गतिस्त्वं गतिस्तवं त्वमेका भवानि..४..

कुकर्मी कुसंगी कुबुद्धि: कुदास:, कुलाचारहीन: कदाचारलीन: .

कुदृष्टि कुवाक्य प्रबंध: सदाहं, गतिस्त्वं गतिस्तवं त्वमेका भवानि..५..

प्रजेशं रमेशं महेशं सुरेशं, दिनेशं निशीथेश्वर वा कदाचित.

न जानामि चान्यत सदाहम शरण्ये, गतिस्त्वं गतिस्तवं त्वमेका भवानि..६..

विवादे विषादे प्रमादे प्रवासे, जले चानले पर्वते शत्रु मध्ये .

अरण्ये शरण्ये सदा माम् प्रपाहि, गतिस्त्वं गतिस्तवं त्वमेका भवानि..७..
अनाथो दरिद्रो जरा रोग युक्तो , महाक्षीण दीन: सदा जद्यावक्त्र:.
विपत्तो प्रविष्ट: प्रनष्ट: सदाहम, गतिस्त्वं गतिस्तवं त्वमेका भवानि..८..
इति श्रीमतशन्कराचार्यकृतभवान्यष्टकम सम्पूर्ण
रावणकृत शिवताण्डवस्तोत्रम्

जटा टवी गलज्जलप्रवाह पावितस्थले गलेऽव लम्ब्यलम्बितां भुजंगतुंग मालिकाम्।
डमड्डमड्डमड्डमन्निनाद वड्डमर्वयं चकारचण्डताण्डवं तनोतु नः शिव: शिवम् ॥१॥
जटाकटा हसंभ्रम भ्रमन्निलिंपनिर्झरी विलोलवीचिवल्लरी विराजमानमूर्धनि।
धगद्धगद्धगज्ज्वल ललाटपट्टपावके किशोरचंद्रशेखरे रति: प्रतिक्षणं मम: ॥२॥
धराधरेंद्रनंदिनी विलासबन्धुबन्धुर स्फुरद्दिगंतसंतति प्रमोद मानमानसे।
कृपाकटाक्षधोरणी निरुद्धदुर्धरापदि क्वचिदिवगम्बरे मनोविनोदमेतु वस्तुनि ॥३॥
जटाभुजंगपिंगल स्फुरत्फणामणिप्रभा कदंबकुंकुमद्रव प्रलिप्तदिग्व धूमुखे।
मदांधसिंधु रस्फुरत्वगुत्तरीयमेदुरे मनोविनोदद्भुतं बिंभर्तुभूत भर्तरि ॥४॥
सहस्रलोचन प्रभृत्यशेषलेखशेखर प्रसूनधूलिधोरणी विधूसरां घ्रिपीठभू:।
भुजंगराजमालया निबद्धजाटजूटक: श्रियैचिरायजायतां चकोरबंधुशेखर: ॥५॥
ललाटचत्वरज्वल द्धनंजयस्फुलिंगभा निपीतपंच सायकंनम न्निलिंपनायकम्।
सुधामयूखलेखया विराजमानशेखरं महाकपालिसंपदे शिरोजटालमस्तुन: ॥६॥
करालभालपट्टिटका धगद्धगद्धगज्ज्वल द्धनंजया धरीकृतप्रचंड पंचसायके।
धराधरेंद्रनंदिनी कुचाग्रचित्रपत्र कप्रकल्पनैकशिल्पिनी त्रिलोचनेरतिर्मम ॥७॥
नवीनमेघमंडली निरुद्धदुर्धरस्फुर त्कुहुनिशीथनीतम:प्रबद्धबद्धकन्धर:।
निलिम्पनिर्झरीधरस्तनोतु कृत्तिसिंधुर: कलानिधानबंधुर: श्रियं जगंद्धुरंधर: ॥८॥
प्रफुल्लनीलपंकज प्रपंचकालिमप्रभा विडंबि कंठकंध रारुचि प्रबंधकंधरम्।
स्मरच्छिदं पुरच्छिंद भवच्छिदं मखच्छिदं गजच्छिदांधकच्छिदं तमंतकच्छिदं भजे ॥९॥
अखर्वसर्वमंगला कलाकदम्बमंजरी रसप्रवाह माधुरी विजृंभणा मधुव्रतम्।
स्मरांतकं पुरांतकं भावंतकं मखांतक गजांतकांधकांतक तमंतकांतकं भजे ॥१०॥
जयत्वदभ्रविभ्रम भ्रमद्भुजंगमस्फुरद्ध गद्धगद्विनिर्गमत्कराल भाल हव्यवाट्।
धिमिद्धिमिद्धिमिध्वनन्मृदंग तुंगमंगलध्वनिक्रमप्रवर्तित:प्रचण्ड ताण्डव: शिव: ॥११॥
दृषद्विचित्रतल्पयो भुजंगमौक्तिकमस्र जोर्गरिष्ठरत्नलोष्ठयो: सुहृदिवपक्षपक्षयो:।
तृणारविंदचक्षुषो: प्रजामहीमहेन्द्रयो: समं प्रवर्तयन्मन: कदा सदाशिवं भजे ॥१२॥
कदा निलिंपनिर्झरी निकुंजकोटरे वसन् विमुक्तदुर्मति: सदा शिर:स्थमंजलिं वहन्।
विमुक्तलोललोचनो ललामभाललग्नक: शिवेति मंत्रमुच्चरन् कदा सुखी भवाम्यहम् ॥१३॥
प्रचण्ड वाडवानल प्रभाशुभप्रचारणी महाष्टसिद्धिकामिनी जनावहूत जल्पना।
विमुक्त वाम लोचनो विवाहकालिकध्वनि: शिवेति मन्त्रभूषगो जगज्जयाय जायताम्
॥१४॥

इमं हि नित्यमेव मुक्तमुक्तमोत्तम स्तवं पठन्स्मरन् ब्रुवन्नरो विशुद्धमेति संततम्।
हरे गुरौ सुभक्तिमाशु याति नान्यथागतिं विमोहनं हि देहिनां सुशंकरस्य चिंतनम् ॥१5

पूजाऽवसानसमये दशवक्त्रगीतं

यः शम्भूपूजनमिदं पठति प्रदोषे ।
तस्य स्थिरां रथगजेंद्रतुरंगयुक्तां
लक्ष्मी सदैव सुमुखीं प्रददाति शम्भुः ॥16॥

॥ इति शिव तांडव स्तोत्रं संपूर्णम्॥

श्री गणेश आरती

जय गणेश जय गणेश जय गणेश देवा। माता जाकी पार्वती पिता महादेवा

एकदन्त दयावन्त चारभुजाधारी मस्तक पर तिलक सोहे, मूसे की सवारी

पान चढ़े फूल चढ़े और चढ़े मेवा लड्डुअन का भोग लगे सन्त करे सेवा जय गणेश जय
गणेश जय गणेश देवा। माता जाकी पार्वती पिता महादेवा

अँधे को आँख देत कोढ़िन को काया बाँझन को पुत्र देत निर्धन को माया

सूर श्याम शरण आए सफल कीजे सेवा माता जाकी पार्वती पिता महादेवा

जय गणेश जय गणेश जय गणेश देवा। माता जाकी पार्वती पिता महादेवा जय गणेश
जय गणेश जय गणेश देवा। माता जाकी पार्वती पिता महादेवा माता जाकी पार्वती पिता
महादेवा माता जाकी पार्वती पिता महादेवा..

अम्बे तू है जगदम्बे काली, जय दुर्गे खप्पर वाली तेरे ही गुण गावें भारती,
   ओ मैया हम सब उतारे तेरी आरती

   अम्बे तू है जगदम्बे काली, जय दुर्गे खप्पर वाली तेरे ही गुण गावें भारती,
   ओ मैया हम सब उतारे तेरी आरती

   तेरे भक्तजनो पर माता, भीड़ पड़ी है भारी, भीड़ पड़ी है भारी

   दानव दल पर टूट पड़ो,माँ करके सिंह सवारी,करके सिंह सवारी

   तेरे भक्तजनो पर माता, भीड़ पड़ी है भारी, भीड़ पड़ी है भारी

   दानव दल पर टूट पड़ो,माँ करके सिंह सवारी,करके सिंह सवारी

   सौ से भी बलशाली सिंहोसौ , अष्ट भुजाओं वाली दुखियों के दुखड़े निवारती
   ओ मैया हम सब उतारे तेरी आरती

   अम्बे तू है जगदम्बे काली, जय दुर्गे खप्पर वाली तेरे ही गुण गावें भारती,
   ओ मैया हम सब उतारे तेरी आरती

   माँ-बेटे का है इस जग मे,बड़ा हीनिर्मल नाता,बड़ा ही निर्मल नाता

   पूत-कपूत सुने है,पर ना माता सुनी कुमाता,माता सुनी कुमाता

   माँ-बेटे का है इस जग मे बड़ा ही निर्मल नाता,बड़ा ही निर्मल नाता

   पूत-कपूत सुने है,पर ना माता सुनी कुमाता,माता सुनी कुमाता

सब पे करूणा दर्शाने वाली, अमृत बरसाने वाली दुखियों के दुखडे निवारती

ओ मैया हम सब उतारे तेरी आरती अम्बे तू है जगदम्बे काली,

जय दुर्गे खप्पर वाली तेरे ही गुण गावें भारती, ओ मैया हम सब उतारे तेरी आरती

नहीं मांगते धन और दौलत,न चांदी न सोना,न चांदी न सोना

हम तो मांगें माँ तेरे चरणों में,छोटा सा कोना,इक छोटा सा कोना

नहीं मांगते धन और दौलत,न चांदी न सोना,न चांदी न सोना

हम तो मांगें माँ मन में,इक छोटा सा कोना,इक छोटा सा कोना

सबकी बिगड़ी बनाने वाली,लाज बचाने वाली,सतियों के सत को सवांरती

ओ मैया हम सब उतारे तेरी आरती ओ

अम्बे तू है जगदम्बे काली, जय दुर्गे खप्पर वाली तेरे ही गुण गावें भारती

ओ मैया हम सब उतारे तेरी आरती ओ मैया हम सब उतारे तेरी आरती

ओ मैया हम सब उतारे तेरी आरती ओ मैया हम सब उतारे तेरी आरती

जय जय श्री शनि महाराज, स्वामी जय शनि महाराज |

कृपा करो हम दिन रज पार, दुखा हरयो प्रभु आज || ओम ...... || १ ||

सूरज के तुम बलक होकर, जग मुख्य बाले बलवान |

सब देवो मुख्य तुम्हार, प्रथम् मन है आज || ओम ...... || २ ||

विक्रमराज को हुआ घमंड, अपने श्रेतन का |

चकनाचूर किया बुधि को, हला दीया सरताज || ओम ...... || ३ ||

प्रभु राम और पांडवजी को, भज दीया बनवास |

कृपा होई जब तुमहारी, स्वामी बचै उकी लाज || ओम ......। || 4 ||

सूर्या साजा हरिचंद्र का, बिछ दिव्य परिवार |

पस ह्वे जाब बैठ परिक्षा मुख्य, देकार धान अर राज || ओम ......। || 5 ||

माखनचोर हो कृष्णा कन्हाई, गइयां के राखवार |

कलंक मधे को ध्याया, धरे है रोत विराट || ओम .... || ६ ||

मुख्य हूँ दिन अदनानी, भुल भई हमसे |

क्षेम शांती करो नारायण, प्रणम लो महाराज || ओम ......। || 7 ||

ओम जय जय श्री शनि महाराज, स्वामी जय शनि महाराज

मा महालक्ष्मी जी की आरती

जय लक्ष्मी माता , मैया जय लक्ष्मी माता I

तुमको निशदिन ध्यावत हर, विष्णु विधाता II ॐ जय लक्ष्मी माता

उमा, रमा , ब्राह्मणी , तू ही जग माता I मैया

सूर्य चंद्रमा ध्यावत , नारद ऋषि गाता II ॐ जय लक्ष्मी माता

दुर्गा रूप निरंजनि, सुख सम्पति दाता I मैया

जो कोई तुमको ध्यावत , रिद्धि सिद्धि धन पाता II ॐ जय लक्ष्मी माता

तुम पाताल निवासिनी , तुम ही शुभ दाता I मैया

कर्म प्रभाव प्रकाशिनी , बव निधि की त्राता II ॐ जय लक्ष्मी माता

जिस घर तुम रहती तहं, सब सद्गुण आता I मैया

सब संभव हो जाता, मन नहीं घबराता II ॐ जय लक्ष्मी माता

तुम बिन यज्ञ न होवे, वस्त्र न कोई पाता I मैया

खान पण का वैभव, सब तुमसे आता II ॐ जय लक्ष्मी माता

शुभ गुण- मंदिर सुंदर , क्षीरोदधि जाता I मैया

रत्न चतुर्देश तुम बिन, कोई नहीं पाता II ॐ जय लक्ष्मी माता

श्री महालक्ष्मी जी की आरती, जो कोई नर गाता I मैया

उर आनंद समाता , पाप उतर जाता II ॐ जय लक्ष्मी माता

2
शुद्धता और शुचिता

शुद्धता और शुचिता

उपासना, आराधना अपनी आस्था के अनुसार. तत्पश्चात अच्छा जलपान जिसमे पौष्टिक आहार हो.

मध्यान्ह भोजन से पूर्व भोजन मन्त्र ;

"ॐ ब्रह्मा अर्पणं ब्रह्मा हविर , ब्रह्मा अग्नौ ब्रह्मा हुतं. ब्रह्मणैव तेन गन्तव्यम, ब्रह्मकर्मसमाधिनाम.

ॐ सहनाववतु सहनौभुनाक्तो सहवीर्यम्करवावहै, तेजस्विना वधीत मस्तु माँ विदि्वषावहै.

ॐ शांति: शांति: शांति:."

संध्याकालीन उपासना अपनी अस्थानुसार अपने पितरों और देवो के निमित्त.

रात्रि भोजन सोने से ४ घंटे पूर्व, ताकि सोते समय पेट भरा हुआ न हो और निद्रा गहरी आये. हमारी पाचन प्रणाली जठराग्नि से क्रिया शील होती है, नाभि से थोडा उपर सूर्य चक्र होता है जो इसे नियंत्रित करता है. अतः सूर्यास्त के पश्चात पाचन प्रणाली बंद हो जाती है. उसके बाद का भोजन पचता नही सड़ता है. गहरी निद्रा में ही शरीर के टूटे हुइ कोशिकाए नई बनती हैं. यह तक कि शरीर को हानि पहुचाने वाले विषैले टोक्सिंस शरीर से बाहर निकालने की भी प्रक्रिया प्रारम्भ हो जाती है, जो प्रातः उषापान करने से टोक्सिन बाहर नकलते है.

सोने से पूर्व शयन मन्त्र, गायत्री जप भी कर सकते हैं. सोने से पूर्व स्वाध्याय अर्थात अच्छी पुस्तको का अध्ययन निद्रा को सकारात्मक बनता है. इस प्रकार हम स्वास्थ्य के चारो आयामों को जीवन में अनुसरण करके है शारीरिक व मानसिक रूप से स्वस्थ हो सकते है.

3

अर्ध

अर्धनारीश्वर : प्रकृति-पुरुष

भारतीय दर्शन के छः प्रकारों में से सांख्य भी एक है जो प्राचीनकाल में अत्यंत लोकप्रिय तथा प्रचलित हुआ था। यह अद्वैत वेदान्त शास्वत था पर विपरीत मान्यताएँ रखनेवाला दर्शन है। इसकी स्थापना करनेवाले मूल व्यक्ति कपिल कहे जाते हैं। 'सांख्य' का शाब्दिक अर्थ है- 'संख्या सम्बंधी' या विश्लेषण । इसकी सबसे प्रमुख धारणा सृष्टि के प्रकृति-पुरुष से बनी होनेकी है, यहाँ प्रकृति (यानि पचं महाभूतो से बनी) जड़ है और पुरुष (यानि चेतन जीवात्मा) चेतन। योग शास्त्रों के ऊर्जास्रोत (ईडा-पिगला), शक्तों के शिव –शक्ति के सिंद्धांत इसके समानान्तर दीखतेहैं। भारतीय संस्कृति में किसी समय सांख्य दर्शन का अत्यंत ऊँचा स्थान था। देश के उदात सांख्य की विचार पद्धति से सोचते थे। महाभारतकार ने यहाँ तक कहा है कि ज्ञानम च लोकेयदिहास्ति किंचित संख्या गत तचमहान्महत्मनाम(शांति पर्व 301.109)। वस्ततु : महाभारत में दार्शनिक विचारों की जो पृष्ठभूमि है, उसमेंसांख्यशास्त्र का महत्वपूर्ण स्थान है। शांति पर्व के कई स्थलों पर सांख्य दर्शन के विचारों का बड़े काव्यमय और रोचक ढंग से उल्लेख किया गया है। सांख्य दर्शन का प्रभाव गीता मेंप्रतिपादित दार्शनिक पृष्ठभूमि पर प्रयाप्त रूप से विद्यमान है। इसकी लोकप्रियता का कारण एक यह अवश्य रहा है कि इस दर्शन ने जीवन में दिखाई पड़ने वाले वैषम्य का समाधान त्रिगुणात्मक प्रकृति की सर्वकारण रूप में प्रतिष्ठा करके बड़ेसुंदर ढंग से किया। सांख्याचार्यों के इस प्रकृति-कारण-वाद का महान गुण यह है कि पृथक पृथक धर्म वाले सत-रज-तम तत्वों के आधार पर जगत की विषमता का किया गया समाधान बड़ा बुद्धिगम्य प्रतीत होता है। किसी लौकिक समस्या को ईश्वर का नियम न मानकर इन प्रकृतियों के तालमेल बिगड़ने और जीवों के पुरुषार्थ न करनेको कारण बताया गया है। यानि, सांख्य दर्शन की सबसे बड़ी महानता यह है कि इसमें सृष्टि की उत्पत्ति भगवान के द्वारा नहीं मानी गयी है, बल्कि इसे एक विकासात्मक प्रकिया के रूप में समझा गया है और माना गया है कि सृष्टि अनेक अनेक अवस्थाओं(phases) से होकर गुजरनेके बाद अपने वर्तमान स्वरूप

को प्राप्त हुई है। कपिलाचार्य को कई अनीश्वरवादी मानते हैं पर श्रीमद्भगवद्गीता और सत्यार्थप्रकाश जैसे ग्रंथों में इस धारणा का निषेध किया गया है।

साख्य के प्रमुख सिद्धांत :

सांख्य दृश्यमान विश्व को प्रकृति-पुरुष मूलक मानता है। उसकी दृष्टि से केवल चेतन या केवल अचेतन पदार्थ के आधार पर इस चिदविदात्मक जगत की संतोषप्रद व्याख्या नहीं की जा सकती। इसीलिए लौकायतिक आदी जड़वादी दर्शनों की भाँति सांख्य न केवल जड़ पदार्थ ही मानता है और न अनेक वेदांत संप्रदायों की भाँति वह के वल चिन्मात्र ब्रह्म या आत्मा को ही जगत का मूल मानता है। अपितु जीवन या जगत में प्राप्त होने वाले जड़ एवं चेतन, दोनों ही रूपों के मूल रूप से जड़ प्रकृति एवं चिन्मात्र पुरुष इन दो तत्वों की सत्ता मानता है। जड़ प्रकृति सत्व, रजस एवं तामस - इन तीनों गुणों की साम्यावस्था का नाम है। ये गुण "बल च गुणवत्तम" न्याय के अनुसार प्रतिक्षण परिगामी हैं। इस प्रकार सांख्य के अनुसार सारा विश्व त्रिगुणात्मक प्रकृति का वास्तविक परिणाम है। शंकराचार्य के वेदांत की भाँति भगवन्माय: कविवर्त, अर्थात असत कारय अथवा मिथ्या विलास नहींहै। इस प्रकार प्रकृति को पुरुष की ही भाँति अज और नित्य मानने तथा विश्व को प्रकृति का वास्तविक परिणाम सत कार्य माननेके कारण सांख्य सच्चे अर्थों में बाह्य यथार्थ वादी या वस्तुवादी दर्शन हैं। किंतु जड़ बाह्यथार्थवाद भोग्य होनेके कारण किसी चेतन भोक्ता के अभाव में अपार्थक या अर्थ शून्य अथवा निष्प्रयोजन है, अत: उसकी सार्थकता के लिए सांख्य चेतन पुरुष या आत्मा को भी माननेके कारण अध्यात्मवादी दर्शन है।

· मूलतः सांख्य शास्त्र में दो तत्व मानने पर भी प्रकृति के परिणामस्वरूप तेईस अवांतर तत्व भी मानता है। तत्व का अर्थ है' सत्य ज्ञान'। इसके अनुसार प्रकृति से महत या बुद्धि, उससे अहंकार, तामस, अहंकार से पंच-तन्मात्र (शब्द, स्पर्श, रूप, रस तथा गंध)एवं सात्विक अहंकार से ग्यारह इंदिय- च ज्ञानेंदिय, पंच कर्मेंदिय तथा उभयात्मक मन और अंत में पंच तन्मारों से क्रमशः आकाश , वायु, तेजस, जल तथा पृथ्वी नामक पंच महाभूत, इस प्रकार तेईस तत्व क्रमशः उत्पन्न होतेहैं। इस प्रकार मुख्यामुख्य भेद से सांख्य दर्शन 25 तत्व मानता है। जैसा पहले संकेत कर चुके हैं, प्राचीनतम सांख्य ईश्वर को 26वाँतत्व मानता रहा होगा। इसके साक्ष्य महाभारत, भागवत इत्यादि प्राचीन साहित्य मेंप्राप्त होतेहैं। यदि यह अनुमान यथार्थ हो तो सांख्य को मूलतः ईश्वरवादी दर्शन मानना होगा। परंतु परवती सांख्य ईश्वर को कोई स्थान नहीं देता। इसी से परवृती साहित्य में वह निरीश्वरवादी दर्शन के रूप में ही उल्लेखित करता है।

साख्य दर्शन के २५ तत्व

· आत्मा (पुरुष)(१)

- अन्तःकरण (४) : मन, बुद्धि, चित,अहंकार
- ज्ञानेंद्रिया (५) : नासिका, जिह्वा, नेत्र, त्वचा, कर्ण

- कर्मेन्द्रिया (५) : पाद, हस्त, उपस्थ, पाय, वाक
- तन्मात्राएँ (५) : गन्ध, रस, रूप, स्पर्श, शब्द,
- महाभूत (५) : पृथ्वी, जल, अग्नि, वायु, आकाश,

4

विद्या एवं कलाएं

ये ६४ कलाए निम्न प्रकार है :-

    1-<u>गानविद्या</u>

    2- <u>वाद्य</u> - भांति-भांति के बाजे बजाना

    3- <u>नृत्य</u>

    4- <u>नाट्य</u>

    5- चित्रकारी

    6- बेल-बूटे बनाना

    7- चावल और पुष्पादि से पूजा के उपहार की रचना करना

    8- फूलों की सेज बनान

    9- दांत, वस्त्र और अंगों को रंगना

    10- मणियों की फर्श बनाना

    11- शय्या-रचना (बिस्तर की सज्जा)

    12- जल को बांध देना

    13- विचित्र <u>सिद्धियाँ</u> दिखलाना

    14- हार-माला आदि बनाना

    15- कान और चोटी के फूलों के गहने बनाना

    16- कपड़े और गहने बनाना

    17- फूलों के आभूषणों से शृंगार करना

    18- कानों के पत्तों की रचना करना

    19- सुगंध वस्तुएं-इत्र, तैल आदि बनाना

    20- इंद्रजाल-जादूगरी

    21- चाहे जैसा वेष धारण कर लेना

    22- हाथ की फुती के काम

23- तरह-तरह खाने की वस्तुएं बनाना

24- तरह-तरह पीने के पदार्थ बनाना

25- सूई का काम

26- कठपुतली बनाना, नाचना

27- पहेली

28- प्रतिमा आदि बनाना

29- कूटनीति

30- ग्रंथों के पढ़ाने की चातुरी

31- नाटक आख्यायिका आदि की रचना करना

32- समस्यापूर्ति करना

33- पट्टी, बेंत, बाण आदि बनाना

34- गलीचे, दरी आदि बनाना

35- बढ़ई की कारीगरी

36- गृह आदि बनाने की कारीगरी

37- सोने, चांदी आदि धातु तथा हीरे-पन्ने आदि रत्नों की परीक्षा

38- सोना-चांदी आदि बना लेना

39- मणियों के रंग को पहचानना

40- खानों की पहचान

41- वृक्षों की चिकित्सा

42- भेड़ा, मुर्गा, बटेर आदि को लड़ाने की रीति
को वश में रखने की विद्या

43- तोता-मैना आदि की बोलियां बोलना

44- उच्चाटनकी विधि

45- केशों की सफाई का कौशल

46- मुट्ठी की चीज या मनकी बात बता देना

47- म्लेच्छित-कुतर्क-विकल्प

48- विभिन्न देशों की भाषा का ज्ञान

49- शकुन-अपशकुन जानना, प्रश्नों उत्तर में शुभाशुभ बतलाना

50- नाना प्रकार के मातृकायन्त्र बनाना

51- रत्नों को नाना प्रकार के आकारों में काटना

52- सांकेतिक भाषा बनाना

53- मनमें कटकरचना करना

54- नयी-नयी बातें निकालना

55- छल से काम निकालना

56- समस्त कोशों का ज्ञान

57- समस्त छन्दों का ज्ञान

58- वस्त्रों को छिपाने या बदलने की विद्या

59- द्यूत क्रीड़ा

60- दूरके मनुष्य या वस्तुओं का आकर्षण

61- बालकों के खेल

62- मन्त्रविद्या

63- विजय प्राप्त कराने वाली विद्या

64- बेताल आदि को वश में रखने की विद्या

प्राचीन भारत में अनेकों कलाएं प्रचलित थीं। उनके अंश आज देखने को मिलते हैं। इनमें से कुछ निम्न हैं:-

- <u>सिन्धु कला</u>
- <u>वैदिक कला</u>
- <u>मौर्य कला</u>
- <u>मौर्यकालीन स्थापत्य या वास्तु कला</u>
- <u>मूर्ति कला</u>
- <u>स्तूप</u>
- <u>कुषाण कला</u>
- <u>गान्धार कला</u>
- <u>मथुरा कला</u>
- <u>स्थापत्य कला</u>
- <u>अमरावती की कला</u>
- <u>गुप्तकालीन कला</u>

5

परम वैभव

परम वैभवं नेतुमेततस्वराष्ट्रम्.................

राष्ट्र के प्रत्येक नागरिक की इच्छा अपने राष्ट्र के सर्वांगीण विकास अर्थात परम वैभव तक पहुचाने की कामना करता है. परम वैभव अर्थात राष्ट्र की भौतिक, आर्थिक, सामाजिक और अध्यात्मिक प्रगति. यहाँ पर राष्ट्र का अर्थ है देश का प्रत्येक नागरिक. अतः राष्ट्र का भविष्य युवाओ पर निर्भर है. युवा अर्थात जो वायु की दिशा को भी परिवर्तित करने का साहस, क्षमता और धैर्य रखता है. प्राचीन भारतीय इतिहास में इसे अनेको उदाहरण मिलते है जैसे भागीरथ का गंगा को पृथ्वी पर लाना, विश्ववामित्र व अन्य ऋषि वैज्ञानिक जिनके अन्वेषणों ने पुरे संसार को लाभान्वित किया.

जब भी युवा शक्ति ने स्वयं को अनुशासित करते हुए किसी भी सकारात्मक उद्देश्य की प्राप्ति करने का साहस किया उन्होंने उसे प्राप्त किया. विदेशी अक्रान्ताओ ने भारत को कमजोर करने के लिए प्राचीन इतिहास को समाप्त करने का दुस्साहस किया और युवा पीढ़ी को बहकाकर देश पर राज किया. राम जो विस्ववामित्र के यज्ञ की रक्षा हेतु उनके साथ गये और उन्होंने ताड़का व अन्य राक्षसों के द्वारा मारे गये ऋषियों व तपस्वियों की हड्डियों का ढेर देखा तो उन्हें अत्यंत क्रोध आया और उन्होंने इस पृथ्वी को निशिचर विहीन करने का प्रण लिया जिस के फलस्वरूप राजतिलक होने के समाचार मिलने पर उन्होंने महारानी कैकेयी से अनुरोध किया की वह उनके इस ध्येय की पूर्ति हेतु रजा दशरथ से अपने दो वरदान मांग ले, जिसमे भरतके लिए राजगद्दी और राम को १४ वर्ष का वनवास. इसी सम्बन्ध में एक वार्तालाप के अंश प्रस्तुत है.

राम ने कैकेयी से नम्र भाव से पूछा," माँ, मुझे ज्ञात हुआ है कि मेरे राज्याभिषेक की तयारी चल रही है."

"तो इसमें बुरा क्या है, पुत्र ? तुम सक्षम हो, उस अवस्था को प्राप्त हो चुके हो.अब उम्हे चाहिए की सभी राजकीय दायित्वों का निर्वाह करते हुए हमें भी वर्णाश्रम व्यवस्था के अनुरूप अपने जीवन को जीने के लिए स्वतंत्र करो."

राम ने बहुत शांति से कहा, " जो कार्य कुश आसन पर बैठ कर सम्पन्न किये जा सकते है, वे सिंहासन पर बैठ कर सम्पन्न नहीं किये जा सकते माँ!"

राम के कथन में एक सन्यासी के भाव को अनुभूत कर कैकेयी ने अत्यंत सतर्कता से कहा, "कुश आसन पर बैठने की आयु में सिंहासन पर बैठना और सिंहासन पर बैठने की आयु में कुश आसन पर बैठना दोनो ही कल्याण कारी नहीं होते पुत्र. हमारे जीवन में संतुलन बना रहे इसीलिए मनीषियों ने हमें वर्णाश्रम व्यवस्था दी है और तदनुसार ही जीवन जीने के मार्ग सुझाये हैं. तुमने अभी गृहस्थ आश्रम में प्रवेश किया है इसलिए तुम कुश आसन पर नहीं सुख आसन पर बैठने के अधिकारी हो."

राम ने गम्भीरता से कहा , " माँ ! वर्णाश्रम व्यवस्था के अनुरूप जीवन जीना हमारे व्यक्तिगत उत्कर्ष के लिए तो कल्याणकारी होता है किन्तु यह सामाजिक उत्कर्ष का हेतु नहीं बन पाता. आनन्दपूर्वक किया गया श्रम ही आश्रम कहलाता है माँ, जिसमे आनंद के लिए नहीं अपितु आनंद से किये गए कर्म समाहित होते हैं. इसमें आनन्द उपलब्धि नहीं अपितु हमारी कर्मणा शक्ति का अविभाज्य अंग होता है. आनन्द तो पहले से ही उपलब्ध है, किन्तु भ्रम के वशीभूत होकर हम आनन्द की प्राप्ति के लिए परिश्रम करते हुए अंत में थक कर शक्तिहीन हो जाते हैं और फिर कहते है जीवन में आनन्द ही नहीं है."

" माँ, कर्म का सुचालन देह की शक्ति पर निर्भर होता है , हमारी देह पर आयु का प्रभाव पड़ता है, जिससे देह की क्षमता सिमित हो जाती है. इससे व्यक्ति वृद्धावस्था में स्वयम की आत्मा का परिष्कार कर सकता है, किन्तु सामरा समाज की आत्मा का परिष्कार नहीं कर पाता. इसलिए जिनका लक्ष्य सामाजिक उत्थान का होता है वे युवावष्षा में सिंहासन के स्थान पर कुश आसन को स्वीकार करते हैं, क्योकि धर्म कर्म और मर्म को सिद्ध करने के लिए संकल्प शक्ति के साथ साथ शारीर का शक्तिशाली होना भी आवश्यक होता है. जनमत के दैहिक, देविक और भौतिक तापो का नाश शक्ति से ही किया जा सका है. किन्तु विचित्रता देखिये, जब हम शक्ति सम्पन्न होते है तब त्रितापो के आवेश से वशीभूत हो जाते हैं और जब अशक्त हो जाते है बी इनके शमन के लिए प्रयास करने लगते हैं. जबकि इन तीनो तापों का शमन तभी किया जाना चाहिए जब इनका जन्म होता है. सुखआसन में बैठकर इन तीनो तापों का नाश नहीं किया जा सकता माँ, अपितु इनके नाश करने के बाद ही हमे सुख आसन उपलब्ध होता है."

कैकेयी ने हलके हास्य से कहा, " अभी तुम बालक हो राम, कुश आसन बल्यावस्था और वृद्धावस्था में मनुष्य के कल्याण का हेतु होता है, युवावस्था में नहीं. युवावस्था दायित्वों से पलायन के लिए नही है, अपितु दायित्वों का पालन करने के लिए होती है."

राम बहुत ममत्व से अपनी माँ को देखते हुए बोले, " अपने बिलकुल ठीक कहा माँ, युवावस्था तो हमारे जीवन के कल को कल से जोड़ने वाली महत्वपूर्ण कड़ी है. युवावष्षा हमारे बीते हुए कल अर्थात माता-पिता और हमारे आने वाले कल अर्थात हमारी संतानों को जोड़ने वाला 'आज' अर्थात वर्तमान होता है जिसके ऊपर अतीत को सहेजने और भविष्य को सवारने

का दायित्व होता है. इसीलिए कहा जाता है कि जिसने अपने आज को संभाल लिया उसका अतीत और भविष्य स्वमेव ही संवर जाता है.

सन्यास संसार के प्रति पराजय से उत्पन्न भाव नहीं है, माँ! अपितु यह उन्ही व्यक्तियों के हृदय में जन्म लेता है जो संसार को जय करने की प्रेरणा से भरे होते हैं. सन्यास का अर्थ जीवन से पलायन नहीं अपितु अत्यंत सजगता के साथ जीवन का पालन करना होता है. सन्यस्थ जीवन साहस का विषय होता है माँ. जो युवा वस्था में संसार में रहते हुए सन्यास को जी लेता है, वह वृद्धावस्था में राजत्व को जीत लेता है, फिर उसके राज्य में दैहिक, दैविक और भौतिक तापों का अस्तित्व समप हो जाता है."

कैकेयी ने राम के नेत्रों में सीधे झाकते हुए कहा, " पुत्र, रावण ने भी अपने युवावस्था में घोर तपस्या करके महादेव को प्रसन्न किया था. उसने भी कुश आसन को सिद्ध किया था किन्तु जैसे ही सिंहासन पर आरूढ़ हुआ, उसने अपनी अर्जित शक्तियों का दुरूपयोग किया. आज संसार साक्षी है कि परम विद्वान, ज्ञानी ध्यानी होते हुए भी रावण समाज के विकास का नहीं अपितु समाज के विनाश का हेतु हो गया है."

राम ने बहुत धैर्य से अपनी माँ के सचेत करने वाले कथन को सुना और हलके से मुस्करा पड़े. कैकेयी ने देखा किराम की मुस्कान में न तो कैकेयी के लिए उपहास का भाव था न ही स्वयं की तुलना रावण से किये जाने की बैचेनी. अपितु उसकी मुस्कान में माँ के विवेकपूर्ण कथन के लिए प्रशंसा थी. राम का यह भाव कैकेयी को बहुत भाता था. इस बालक को किसी प्रकार की तुलना व्यथित नहीं करती. राम का तुलना में विश्वास नहीं है, इसलिए तो संसार राम को अतुलनीय मानता है.

राम मुग्ध भाव से अपनी माँ को देखते हुए बोले, " किसी सन्यासी के चित में सिंहासन की आकांक्षा जहाँ अकल्याणकारी होती है, वहीं किसी राजसी हृदय में सन्यास का भाव अति कल्याणकारी होता है,माँ. रावण की साधना का हेतु त्रिलोक पर शासन करना था तो राम का लक्ष्य त्रितापों का शमन करना है. रावण और तुम्हारे राम में अंतर है माँ. रावण कुश आसन से सिंहासन की और बढ़ना चाहता था और मै सिंहासन से समाज है. रावण प्राप्ति के भाव से भरा हुआ था, राम परिष्कार की प्रेरणा से प्रेरित है. रावण को अपने ज्ञान अपनी शक्ति का अहंकार है, और राम को अपनी शक्ति, अहंकार का ज्ञान है. रावण अपनी साधना से शक्ति प्राप्त करना चाहता था, और राम अपनी शक्ति को साधना में लगाना चाहता है. माँ, जब भी कोई सत्ता को लक्ष्य बनाता है, तब वह विनाशकारी हो जाता है. वहीं दूसरी ओर यदि किसी सत्ताधरी के हृदय में साधना का भाव उत्पन्न हो तो वह विकास का हेतु होता है. रावण प्राप्ति की प्रेरणा से प्रेरित था और राम त्याग के भाव से भरा है. रावण राजनीती के माध्यम से धर्म को नियंत्रित करना चाहता है, और राम धर्म के दंड से राजनीती को सही दिशा देने को संकल्पबद्ध है. तुम निश्चिंत रहो माँ, हम दोनों के उद्देश्य में बहुत अंतर है इसलिए हमें मिलने वाले परिणाम भी भिन्न होंगे."

कैकेयी सोच में पड गयी. यदि देखा जाय तो राम और रावण दोनों एक ही धरातल पर खड़ी दो चेतनाए हैं. दोनों ही महान शक्तिशाली है. दोनों ही ज्ञान के पर्याय हैं. दोनों ही शिव के उपासक है. दोनों की ही आस्था तप, तपस्या, साधना, शक्ति और संकल्प में है. ये दोनों ही जन्मजात नायकत्व गुणों से भूषित है. किन्तु इसके बाद भी दोनों में कितना भरी अंतर है. जहाँ राम को समाज के वन्दन में सुख मिलता है वहीं रावण को समाज के क्रंदन में आनंद आता है.जहाँ राम नमन की शक्ति में विश्वास रखता है वहीं रावण दमन की नीति को प्रश्रय देता है. अपने इन्ही गुणों के कारण राम अपने छोटे से संसार में वन्दनीय है तो रावण पुरे संसार में निंदनीय हो गया है. राम के प्रति समाज में सत्कार का भाव है वहीं रावण के प्रति संसार धिक्कार भाव से भरा हुआ है. कितनी सरलता से राम ने कर्म और उद्देश्य के बिच निहित अंतर को स्पष्ट कर दिया था. महानतम कर्म भी अपवित्र उद्देश्यों के साथ संलग्न होने के कारण अपकर्म की श्रेणी में आ जाते हैं और पवित्रतम उद्देश्यों की पूर्ति के लिए किये गये अन्यथा कर्म भी कालान्तर में सद्कर्म की प्रतिष्ठा को प्राप्त होते हैं.

कैकेयी ने बहुत ही गंभीरता से राम के नेत्रों में झाकते हुए कहा, " पुत्र तुम वन मन को लेकर को लेकर इतने आरही क्यों हो ?"

राम के स्वर में करुना थी. वे शून्य में देखते हुए बोलने लगे, " जब मै गुरु विश्वामित्र के साथ सिद्धाश्रम में गया था तब ताड़का को देखकर मुझे लगा की राम को अयोध्या की अपेक्षा अरण्य में रहना चाहिए. माँ, स्त्री तो संतति और संस्कृति की तारक और उद्धारक होती है. किन्तु वही स्त्री यदि तारक से ताड़का बन जाय तब वह रक्षक को रक्षाशी चेतना में रूपांतरित कर देती है. पुरुष का स्खलन किसी साम्राज्य केके अस्त होने के कारण हो सकता है, किन्तु स्त्री का पतन संतति और संस्कृति दोनों को ध्वस्त कर देता है."

"यह कार्य तो तुम अयोध्या के सिंहासन पर बैठ कर भी कर सकते हो. अपनी शक्ति से साम्राज्य का विस्तार करो और अपनी सम्पूर्ण प्रजा का परिष्कार करो. निर्बल को सबल बनाने का, जनजातियो के उत्कर्ष का और अत्याचारियों के नाश का कार्य तो तुम सिंहासनासीन होने के बाद और अच्छे से कर सकते हो, पुत्र." कैकेयी ने कहा.

राम ने प्रतिप्रश्न किया, " महाराज दशरथ रघुवंश के प्रतापी राजाओ में से एक है. क्या वे इस कार्य को सम्पन्न कर पाए ? क्यों उनकी उपस्थिति में एक स्त्री ताड़का हो जाती है ? क्यों मारीच और सुबाहु जैसे राक्षस का आतंक हो जाता है ? क्यों कोई रावण अपने ताप से तीनो लोको में हाहाकार मचा देता है ? क्यों ऋषि मुनियों की यज्ञ भूमि युद्ध भूमि में बदल जाती है ? क्यों उन्हें स्वयं की सुरक्षा के लिए किसी राजा के आगे हाथ फैलाना पड़ता है ?

मात्र राजा और राजधानी का सबल होना राज्य की सबलता नही मानी जाती, माँ. किसी का राज होने और किसी का राज्य होने में अंतर होता है माँ. राजा की उपस्थिति में सब ठीक रहना राजा की कुशलता का प्रमाण है, कीनू उसकी अनुपस्थिति में भी उसकी प्रजा सबल, सुरक्षित, सृजनशील, सम्पन्न और सकारात्मक हो, यह उसके राज्य की सफलता का प्रमाण होता है. राज में राजा का महत्व होता है, लेकिन राज्य में प्रजा महत्वपूर्ण हो जाती है. राज की

धारणा निर्भरता की पोषक है, तो राज्य की अवधारणा आत्मनिर्भरता को पल्लवित करती है.

मैं राम राज को नहीं रामराज्य को स्थापित करना चाहता हूँ. जहाँ व्यक्ति से अधिक विचार और व्यवस्था का महत्व हो. जहाँ प्रजा के रक्षण और पोषण का कार्य व्यक्ति नही अपितु विचार करते हो. प्रजा व्यक्ति पूजक नही विचार पूजक हो, वह हुतात्मा के चरणों को नहीं, उनके आचरण को धारण करे. मैं व्यक्ति के नहीं व्यवस्तता के महत्व को बढ़ाना चाहता हूँ. स्वयं के उत्थान के लिए व्यक्ति नीतिनिपुण होना चाहिए, किन्तु समाज के उत्कर्ष के लिए उसका प्रीतिनिपुण होना आवश्यक है.

सिंहासन पर बैठ कर किया गया आग्रह भी आदेश ध्वनित होता है, किन्तु समाज के साथ खड़े होकर दिए गये आदेश भी आह्वान सुनाई देते हैं. सिंहासन पर बैठा व्यक्ति विवश होता है अपनी नीति से प्रीति करने के लिए, परन्तु समाज के बीच रह रहा व्यक्ति अपनी प्रीति को ही नीति बना सकता है. विशेष व्यक्तियों को अपनी सम्पूर्ण विशेषताओ के साथ शेष वर्ग के बीच रहना चाहिए. इससे शेष वर्ग स्वयं को विशेष वर्ग मान विशेषता को प्राप्त करने के लिए उद्यम करने लगता है. भवन में रहकर भूमि का रक्षण, पोषण और संवर्धन नहीं होता माँ. इसके लिए भू स्वामी को अपने भवन की छाया छोड़ कर स्वयं ही भूमि के ताप में तपना होता है माँ."

कैकेयी अपने पुत्र की चेतना का परिष्कार देख आनंद से भर गयी. वे बोली, " पुत्र मुझे अपनी कल्याण योजना समझाओ."

" माँ, गुरु वशिष्ठ ने कल्याणकारी नीति का और तुमने अहेतु की प्रीति का पाठ मुझे पढ़ाया है. तिस पर गुरु विश्वमित्र ने अपने पास संचित शास्त्र और शस्त्र का ज्ञान मुझे दे दिया, इस अपेक्षा के साथ की मै उनके द्वारा दिए गये ज्ञान का उपयोग मात्र अवध के कल्याण के लिए नहीं, अपितु जगत के कल्याण के लिए करूँगा. मैंने भी उन्हें वचन दिया है माँ, कि राम संस्कृति के रक्षण, संवर्धन और उसके प्रसार और परिष्कार के लिए मर्यादित रहते हुए, अपने जीवन के अंतिम श्वास तक सन्नद्ध रहेगा."

कैकेयी को इस पूरी चर्चा में रस आने लगा था. वे राम के चित्त और चिंतन की गहरे से अभिभूत थी. उन्होंने राम को होदा और खोलने की मनसा से राम के समक्ष प्रश्न रख दिया, " राम, संसार में सदा ही संस्कृति को लेकर विवाद होता रहता है. जबकि देखा जाय तो संस्कृति हो य सभ्यता, ये विवाद के नहीं अपितु संवाद के हेतु होते हैं."

राम अपनी माँ कैकेयी के मंतव्य को अच्छेसे समझ रहे थे. वे जान रहे थे कि कैकेयी इस प्रश्न के माध्यम से स्वयं की शंका का निराकरण नहीं चाहती, अपितु वे चाहती हैं कि राम स्वयं ही सूक्ष्मता से अपनी विचारधारा का अवलोकन करे. क्योंकि कोई भी कर्म तब अधिक लाभदायक होता है, जब उसे करने से पहले उसके सभी पक्षों पर समग्रता से विचार किया गया हो. जो आपके शुभ चिन्तक होते हैं, वे अपने अच्छे प्रश्नों के माध्यम से आपको ही आपकी विचारधारा के और अधिक निकट खड़ा कर देते है. विचारो में स्पष्टता व्यक्ति को निर्द्वन्द बना देती है. और प्रत्येक माँ यह चाहती है कि उसकी संतान द्वन्द से रहित हो.

इससे उसके मन, कर्म और वचन में एकरूपता आ जाती है. तब उसकी कथनी और करनी में अंतर नही होता.

राम अपनी माता कैकेयी के उद्देश्य को जान परम संतोष से भरे हुए बोले, " सभ्यता इस तथ्य को प्रकाशित करती है, कि मनुष्य के पास क्या है और संस्कृति का अर्थ है, कि मनुष्य कैसा है ? सभ्यता दिखाई देने वाला शरीर होता है, तो संस्कृति न दिखाई देने वाली आत्मा. निराकार भाव को साकार करने वाला साकार कहलाता है माँ, इसलिए संस्कृति एक कला है, और सभ्यता उसका कौशल.सभी गुणों को सम्यक रूप से धारण करना ही संस्कृति कहलाता है."

" सभी गुणों से तुम्हारा तात्पर्य क्या है पुत्र ?"

" माँ, इस सृष्टि का प्रत्येक कण सत, रज,तम इन तीन गुणों का योग है, इनका स्वरूप परिवर्तित किये बिना इन तीनो के बीच सुंदर संतुलन स्थापित करने की कला संस्कृति कहलाती है. माँ, संसार में मूल रूप से दो विचारधाराए होती हैं. एक संपत्ति को ही संस्कृति मानने वाले होते हैं, दुसरे वे जिनके लिए संस्कृति ही संपत्ति होती है. एक उपभोक्तावादी वर्ग होता है, दूसरा उपयोगिता के सिद्धांत में विश्वास रखने वाला समुदाय. उपभोक्ता संकृति को मानने वाला वर्ग, संपत्ति को ही संस्कृति मानकर उसका रक्षण, पोषण और वर्द्धन करता है. संपत्ति को संस्कृति मानने वाले ही असुर होते हैं. असुर अतिक्रमण में विश्वास रखते हैं. वे सब कुछ लूट लेने के भाव से भरे होते हैं. ये संसार के समस्त वैभव को, संपत्ति को और संसाधनों को अपनी शक्ति के दम पर अपने अधीन कर उस पर आधिपत्य स्थापित करना चाहते हैं और उपयोगिता के सिद्धांत को मानने वाले अपनी संस्कृति को ही अपनी संपत्ति मानते हैं. वे संस्कृति के परिष्कार, प्रसार, विस्तार और वितरण में विश्वास करते हैं. ये संसार को अधीन नहीं संसार को स्वाधीन बनाने में विश्वास रखते है. ये अपने द्वारा अर्जी समस्त उपलब्धियों को लुटा देना चाहते हैं और इसे मनुष्य ही सुर कहलाते हैं. सुर और असुर ये मनुष्य की दो वृतियां ही है. एक दान में विश्वास रखते है , दुसरे दमन में. एक मान में विश्वास रखते है दुसरे मर्दन में.

संपत्ति को ही संस्कृति मानने वाले मनुष्य जिनमे असुरी चेतना प्रबल होती है, पुरे विश्व को व्यापारिक केंद्र मानते हैं. वे संसार को व्यापार की दृष्टि से देखते हैं. वहीं संस्कृति को संपत्ति मानने वाले सुर, नर, मुनि पूरी वसुधा को एक कुटुंब, एक परिवार की भावना से भरे होते हैं. इसीलिए वे दमन में नहीं मनन और नमन में विश्वास रखते हैं. सुर संस्कृति के प्रसार में विश्वास रखते हैं तो असुर विकृति के प्रचार में ले रहते है. माँ, जोड़ने और तोड़ने; दमन और नमन; संस्कृति और विकृति तथा परिवार और व्यापार के बीच चल रहे इस संघर्ष में तुम्हारा राम संस्कृति के पक्ष को सुदृढ़ बनाना चाहता है. इसके लिए मुझे नगर छोडकर सुदूर ग्रामो में बसे नागरिको के बीच रहना होगा. मनुष्यता के कल्याण के लिए संपत्ति के रक्षण से अधिक महत्वपूर्ण संस्कृति का रक्षण होता है."

कैकेयी राम को अभिभूत होकर सुन रही थी. उन्होंने राम के उद्देश्य की व्यापकता को समझते हुए उनसे कहा, " पुत्र, नागरिक तो नगरो में भी रहते हैं. तुम अपने इस कल्याणकारी अभियान को नगरो में रहने वाली विपुल जनशक्ति से क्यों नहीं प्रारम्भ करते ?"

राम किंचित मुस्कान के साथ बोले, " माँ, बागवान को यदि किसी वृक्ष को पुष्पित, पल्लवित और स्वादिष्ट फलों से लदा हुआ देखने की इच्छा होती है तब वह उस वृक्ष के फलो, फूलो, पत्तो और तनो पर जल और उर्वरको का सिंचन नहीं करता. वह उस भूमि को समुन्नत बनता है जिस पर वृक्ष खड़े रहते है. वह उस वृक्ष की न दिखाई देने वाली जड़ो पर कार्य करता है. उन्हें पोषित करता है, जद के पुष्ट होते ही वृक्ष स्वमेव ही पल्लवित, पुष्पित और फलित होने लगता है.संस्कृति रूपी जड जो सम्पूर्ण मनुष्यता का आधार है, वह नगरो में नहीं ग्रामो में ही बसती है."

" माँ, नगरो का विकास नागरिको का विकास नहीं माना जाता. साधन सम्पन्न होना और साधन सम्पन्न होने में अंतर होता है.हमारे पास जितने भी साधन उपलब्ध है वे साधको की साधना का ही परिणाम है.हम किसी भी विकसित नगर को देखकर इस भ्रम से भर जाते हैं कि इसमें रहने वाले नागरिक भी विकसित होंगे. साधन और सुविधा सम्पन्न होना तो मनुष्य की प्राथमिक आवश्यकता है. कोई भी सुविधा हमारी दुविधा के निवारण के लिए होती है, किन्तु संपत्ति को संस्कृति मानने वाले समुदाय के लिए सुविधा ही दुविधा का कारण हो जाती है. विद्या से विधा का जन्म होता है और विधा ही हमें सुविधा सम्पन्न करती है. किन्तु यदि वह दुविधा के निवारण के स्थान पर दुविधा का कारण बन जाये तो इसका अर्थ होता है कि वह विधा सम्पन्न मनुष्य आसुरी चेतना से युक्त है क्योकि वह विधा का सदुपयोग नहीं दुरूपयोग कर रहा है."

"समाधान को समस्या बना देने वाले, सुविधा को दुविधा में रूपांतरित करने वाले और अपनी सुविधा के लिए संसार को असुविधा में डालने वाले ही असुर होते है माँ. संगीत में जब सुर से सुर नही मिलता तब वह आनंद दायी संगीत को विकृत कर देता है. ऐसे ही जो मनुष्य प्रकृति के सुर से सुर मिलाकर नहीं चलता और जो प्रकृति की विकृति का कारण होता है, उसे ही असुर कहा जाता है. वस्तुतः महानगर महासर की तरह होते है. संसार की सारी मीठे पानी वाली नदिया भी जब किसी महासागर में समाती है तो वह समाप्त होकर कसैली हो जाती है. महासागर से मिलने से पहले वाली मिठास महासागर को मीठा नही करती अपितु वह समाप्त होकर कसैली हो जाती है. महासागर के पास विपुल जल राशि होती है, उसके गर्भ में रत्नों का भंडार होता है किन्तु इसके बाद भी वह उपयोगी नही होता. उसका विशाल जल भंडार किसी की प्यास नही बुझा सकता. महासागर में रहकर भी व्यक्ति प्यासा ही बना रहता है. पतित पावनी गंगा हो या पुन्य सलिला नर्मदा महासागर में मिलते ही इनकी निजता और अस्तित्व समाप्त हो जाते है. बिंदु का सिन्धु हो जाना ही संस्कृति नहीं होती माँ अपितु बिंदु रहते हुए ही सिन्धु की विशालता से भरे रहना ही संस्कृति कहलाती है. मै इन बिन्दुओ में सोये हुए सिन्धुओ को जागृत करना चाहता हूँ. जिससे जो जहाँ है वही उपयोगी हो."

कैकेयी को लगा जैसे राम, राम नही एक अलौकिक चेतना हो जिसका स्वरूप विस्तृत होता जा रहा है और उसने समस्त ब्रह्मांडो में चमकने वाले करोड़ो सूर्यो, ग्रहों, नक्षत्रों को अपने मुहँ में धारण किया हुआ है. उन्हें लगा कि जैसे वे अनंत महासागर में न दिखाई देने वाले एक त्रिन बिंदु हो जो महासागर की विशाल लहरों में कहीं लुप्त हो गया है. कैकेयी को अपना अस्तित्व का भान ही नहीं रहा. वे कापने लगी, उनकी पूरी देह स्वेद से भर गयी थी. वे पूरी शक्ति से चीख कर राम को पुकारने लगी, किन्तु यह क्या? उन्हें लगा की जैसे उनके कंठ से स्वर नही निकल रहा है या राम जिसके ओर छोर का पता ही नहीं है, उसके कानो तक उनका स्वर नही पहुच रहा है. वे चेतना शून्य होने लगी तबी उनके कानो में राम का स्वर सुनाई दिया.

राम उनसे पूछ रहे थे, " माँ, राम का अर्थ क्या होता है?"

कैकेयी अवाक अविचल सी राम को देख रही थी. उन्होंने देखा की राम ने बहुत स्नेह से उनके दोनों कंधो को पकड़ा हुआ है. उसके अधरों पर मन को हर लेने वाला एक हल्का स्मित था. कैकेयी चाह कर भी बोल नहीं पा रही थी. तभी राम ने पुनः प्रश्न किया, " राम का क्या अर्थ होता है माँ."

कैकेयी ने थरथराते हुए जवाब दिया, " रोम रोम में प्रकाशित होने वाली चेतना ही राम होती है."

" तो क्या मै अपने नाम को चरितार्थ कर रहा हूँ, माँ? मुझे अयोध्या के सिंहासन पर बैठा कर आप और पिता श्री तो अपने जीवन का लक्ष्य पूरा कर लेंगे, किन्तु राम अपने जीवन के ध्येय को सम्पन्न न कर सकेगा. मनुष्य को अनुशासन की सबसे अधिक आवश्यकता युवावस्था में ही होती है. जिससे वह अपनी साधना को पुरे मनोयोग से करे, क्योकि साधनों की उपलब्धि हमारी साधना का ही तो परिणाम होती है. वृद्धावस्था में जब हमारा शरीर अशक्त हो जाता है तब हमारा यही साधन, उपलब्धिया हमे अपनी अशक्तता का अनुभव नहीं होने देती. यह हमारे भीतर उर्जा और उत्साह का संचार करती हैं. परिणाम स्वरूप हम वृद्धावस्था में सार्थकता के भाव से भरे होए है. अंत में इसी सार्थकता की अनुभूति से आप्लावित रहते हुए जीवन से विदा लेते है. तब मात्र हम ही नही हमारे से जुड़े हमारे स्नेही जन भी स्वयम को सार्थक अनुभूत करते हैं. किन्तु विचित्रता देखिये हमे मात्र किशोरावस्था और वृद्धावस्था में ही अनुशासन को महत्वपूर्ण मानने की शिक्षा मिलती है. और संसार को यह बताया जाता है कि युवावस्था शासन करने के लिए होती है. यह उलटी शिक्षा ही हमारे सार्थक, सफल जीवन को निरर्थक और असफल जीवन में परिवर्तित कर देती है. शासन की छह से भरी अनुशासन हिन् युवावस्था का यही बिखराव वृद्धावस्था में मनुष्य को असफलता के भाव से भर देती है. जब उसे युवावस्था की अनुशासनहीनता बहुत कष्ट देती है, तब उसे अनुशासन के महत्व का भान होता है और वह पुनः अनुशासित होने की प्रक्रिया में लग जाता है. किन्तु समय निकल जाने के कारण तब वह छह कर भी अपनी त्रुटियों में संशोधन नहीं कर पाता. परिणामस्वरूप उसे अपना पूरा जीवन ही व्यर्थ लगने लगता है. अंत

में वह अपने हृदय में परमात्मा द्वारा प्रदत्त सार्थक जीवन के लिए निरर्थकता के भाव से भरा हुआ समाप्त हो जाता है. इसीलिए तुम्हारा राम अनुशासित रहते हुए युवावस्था की शक्ति, उर्जा और उत्साह को साधना सम्पन्न होने में व्यय करना चाहता है. मै चाहता हूँ माँ, कि मै सिंहासन की नीति निर्धारक सीमा से मुक्त रहते हुए संसार भर में फैले हुए समाज के मध्य रहूँ. जिससे लोग मेरे जीवन चरित्र को देखकर अनुशासन मर्यादा के महत्व को समझते हुए स्वयम के एवं अपने स्वजनों के जीवन को सार्थकता के भाव से भर दे. माँ, इससे यह सम्पूर्ण संसार अनुशासित और मर्यादित रहते हुए सक्रत्म्कता के भाव से भर जायेगा और परमात्मा के सृष्टी निर्माण का संकल्प पूरा सार्थक करने में सहयोगी होगा. अनुशासन को साढ़े बिना सुशासन को स्थापित नही किया जा सकता. और अनुशासन सिंहासन पर नहीं कुश आसन पर सिद्ध होता है. सिंहासन पर बैठकर अनुशासन सिखने वाले, और अनुशासन को सिद्ध कर सिंहासन पर बैठने वालो की कार्यप्रणाली और मानसिकता में धरती आसमान का अंतर होता है. क्योकि सिंहासन अनुशासन को साधना नहीं सिखाता अपितु अनुशासन में ही वह शक्ति होती है, जो सत्ता और सिंहासन को साधने की शिक्षा देता है. सिंहासन से प्राप्त अनुशासन स्वांग की श्रेणी में आता है, और कुश आसन से प्राप्त अनुशासन सिद्धि की श्रेणी में आता है. एक लोकाचार तो दूसरा हमारा व्यवहार. सिंहासन जहाँ सुविधाओ का आगार है तो वहीं कुशासन दुविधाओ का जनक. जो व्यक्ति दुविधाओ को समझ कर उनका निराकरण नहीं कर सकता वह व्यक्ति सुविधाओ को भी दुविधा के रूप में प्रकाशित कर देता है. सिंहासन अधिकार की शक्ति का पक्षधर होता है, और कुश आसन कर्तव्यो के ज्ञान का केंद्र. माँ, अधिकार सम्पन्न होने का अधिकार उसे ही होना चाहिए जो अपने कर्तव्यों और दायित्वों का निर्वाह पूरे मन से करता हो. अन्यथा सिंहासन उस व्यक्ति को कुछ ही समय में उद्दंड, उच्छृखल, उत्पति और अत्याचारी बना देता है. उसके राज्य में अराजकता का वास होता है. माँ, अनुशासन से मेरा तात्पर्य मानसिक, वाचिक और कार्मिक तीनो में एकरूपता का सम्पादन करना है. जिस दिन मनुष्य ने अपनी कथनी और करनी एक समान कर ली, उसी दिन सच्चे अर्थो में रामराज्य स्थापित हो जायेगा. सत्तासिन व्यक्ति, व्यक्ति नही रह जाता है, वह बड़े तन्त्र का एक छोटा सा यंत्र हो जाता है. फिर उसकी कथनी और करनी में असमानता हो जाती है. और शासक के व्यवहार में उपजी यह असमानता समाज में मिथ्याचार को जन्म देती है."

इस प्रकार हम देखते है की राम ने भारतीय संस्कृति की परिष्कार व् प्रसार हेतु अपना पुर जीवन लगा दिया. कैकेयी कैकय देश की राजकुमारी और अयोध्या की रानी राजनीति, अर्थ, कूटनीति और युद्धनीति में पारंगत थी, वह राम को अपने पुत्र से अधिक प्रेम करती थी. केवल मंथरा के कहने पर ही वह राम को वनवास कैसे दे सकती थी. वास्तव में कैकेयी का चरित्र भी त्याग और बलिदान से भरा है जिसने अपने पुत्र राम को गोरव शाली बनाने के लिए लोकनिंदा को स्वीकार किया.

राम के इस मर्यादा पुरषोत्तम चरित्र को चाणक्य, विवेकानंद, दयानन्द, गुरु गोविन्द सिंह और डा. केशव राम बलिराम हेडगेवार जी ने भी अनुसरण किया.

6

लक्ष्मण रेखा

लक्ष्मण रेखा हम सभी जानते हैं पर इसका असली नाम शायद नहीं पता होगा । लक्ष्मण रेखा का नाम (सोमतिती विद्या है)

यह भारत की प्राचीन विद्याओ में से जिसका अंतिम प्रयोग महाभारत युद्ध में हुआ था चलिए जानते हैं अपने प्राचीन भारतीय विद्या को

सोमतितीविद्या--लक्ष्मणरेखा....

महर्षि श्रृंगी कहते हैं कि एक वेदमन्त्र है--

,,"सोमंब्रहि वृत्तं रतः स्वाहा वेतु सम्भव ब्रहे वाचम प्रवाणम अग्नं ब्रहे रेत: अवस्ति!!"

यह वेदमंत्र एक कोड है उस सोमनाकृतिकयंत्र का, पृथ्वी और बृहस्पति के मध्य कहीं अंतरिक्ष में वह केंद्र है जहां यंत्र को स्थित किया जाता है,, वह यंत्र जल,वायु और अग्नि के परमाणुओं को अपने अंदर सोखता है, कोड को उल्टा कर देने पर एक खास प्रकार से अग्नि और विद्युत के परमाणुओं को वापस बाहर की तरफ धकेलता है।

जब महर्षि भारद्वाज ऋषिमुनियों के साथ भ्रमण करते हुए वशिष्ठ आश्रम पहुंचे तो उन्होंने महर्षि वशिष्ठ से पूछा-राजकुमारों की शिक्षा दीक्षा कहाँ तक पहुंची है? महर्षि वशिष्ठ ने कहा कि यह जो ब्रह्मचारी राम है-इसने आग्नेयास्त्र, वरुणास्त्र, ब्रह्मास्त्र का संधान करना सीख लिया है,

यह धनुर्वेद में पारंगत हुआ है महर्षि विश्वामित्र के द्वारा, यह जो ब्रह्मचारी लक्ष्मण है यह एक दुर्लभ सोमतिती विद्या सीख रहा है, उस समय पृथ्वी पर चार गुरुकुलों में वह विद्या सिखाई जाती थी,

महर्षि विश्वामित्र के गुरुकुल में, महर्षि वशिष्ठ के गुरुकुल में, महर्षि भारद्वाज के यहां, और उदालक गोत्र के आचार्य शिकामकेतु के गुरुकुल में,

श्रृंगी ऋषि कहते हैं कि लक्ष्मण उस विद्या में पारंगत था, एक अन्य ब्रह्मचारी वर्णित भी उस विद्या का अच्छा जानकार था।

उक्त मंत्र को सिद्ध करने से उस सोमना कृतिक यंत्र में जिसने अग्नि के वायु के जल के परमाणु सोख लिए हैं उन परमाणुओं में फोरन आकाशीय विद्युत मिलाकर उसका पात बनाया जाता है, फिर उस यंत्र को एक्टिवेट करके और उसकी मदद से एक लेजर बीम जैसी किरणों से उस रेखा को पृथ्वी पर गोलाकार खींच दें, उसके अंदर जो भी रहेगा वह सुरक्षित रहेगा, लेकिन बाहर से अंदर अगर कोई जबर्दस्ती प्रवेश करना चाहे तो उसे अग्नि और विद्युत का ऐसा झटका लगेगा कि वहीं राख बनकर उड़ जाएगा जो भी व्यक्ति या वस्तु प्रवेश कर रहा हो,,ब्रह्मचारी लक्ष्मण इस विद्या के इतने जानकर हो गए थे कि कालांतर में यह विद्या सोमतिती न कहकर लक्ष्मण रेखा कहलाई जाने लगी,

महर्षि दधीचि, महर्षि शांडिल्य भी इस विद्या को जानते थे, श्रृंगी ऋषि कहते हैं कि योगेश्वर भगवान श्रीकृष्ण इस विद्या को जानने वाले अंतिम थे,,

उन्होंने कुरुक्षेत्र के धर्मयुद्ध में मैदान के चारों तरफ यह रेखा खींच दी थी,, ताकि युद्ध में जितने भी भयंकर अस्त्र शस्त्र चलें उनकी अग्नि उनका ताप युद्धक्षेत्र से बाहर जाकर दूसरे प्राणियों को संतप्त न करें।

मुगलों द्वारा करोड़ों करोड़ो ग्रन्थों के जलाए जाने पर और अंग्रेजों द्वारा महत्वपूर्ण ग्रन्थों कोलूटकर ले जाने के कारण कितनी ही अद्भुत विधाएं जो हमारे यशस्वी पूर्वजों ने खोजी थी लुप्त हो गई, जो बचा है उसे संभालने में प्रखर बुद्धि के युवाओं को जुट जाना चाहिए ।

7

राम और रावण

जब राम का रावण से युद्ध होने वाला था उसकी पूर्व संध्या को राम और विभीषण के बीच विचारविमर्श चल रहा था.

राम ने कहा की रावण वेद, पुराण, उपनिषद, ज्योतिष विज्ञानं और समस्त शास्त्रों का ज्ञाता, बलशाली है, लेकिन वह अभिमानी होने के कारण ही मानव समाज के लिए समस्या बना हुआ है. विभीषन ने राम को बताया , "हमे अपने घोर शत्रु रावण के आनंद, तुष्टि, तृप्ति पर ही नहीं अपितु रावन की युक्ति, शक्ति और मुक्ति पर भी विचार करना होगा. रावण मात्र एक दुर्धर्ष योद्धा ही नही है, उसकी नाभि में अमृतकुण्ड भी है". राम अत्यंत आदर और आत्मीयता से पूर्ण स्वर में विभीषण की और देखते हुए बोले , " लंकाधिपति विभीषण, हमारी देह में सात चक्र होते है जो हमारे मन, बुद्धि, आत्मा और देह को संचलित करते है. रावण समस्त साधना, तप, तपस्या के बाद भी नाभि में स्थित मणिपुर चक्र तक की ही यात्रा सम्पन्न कर पाया है. यही वह अमृत कुण्ड है जहाँ रावन की समस्त कामनाये,वासनाये प्रखरता के साथ प्रज्ज्वलित हो रही हैं, रावन का यही अमृत कुण्ड रावण को संसार भर में अपना प्रभुत्व स्थापित करने के लिए प्रेरित करता है. यही वो अमृतकुंड है जो अभी तक रावण को जीवित रखे हुए है. इसे साधक कर्मयोगी माने जाते हैं. इस चक्र के सक्रिय होने से तृष्णा, ईर्ष्या, लज्जा, भय, घृणा, मोह रूपी कशाय कल्मष दूर होते है. यह चक्र दस कमल पंखुडियो से युक्त है अर्थात दस प्राण वाला होता है. इस चक्र के देवता विष्णु और लक्ष्मी है. इसलिए रावन सहज रूप से श्री लक्ष्मीशक्ति की और आकर्षित होते है."

रावन की लग्न कुंडली : -

७.शनि

६. बुध

३. केतु

२. शुक्र

८.

५.लग्न , गुरु, सूर्य

४. चन्द्र

१.

९. राहू

१०. मंगल

११.

१२.

राम की लग्न कुंडली : -

६, राहू

५.

२. बुध

१. सूर्य

७. शनि

४. लग्न , गुरु, चन्द्र

३.

१२. शुक्र, केतु

८.

९.

१०. मंगल

११.

भारतीय परम्परा के अनुसार कुंडली मिलाने का प्रचलन क्यों है

प्रत्येक मनुष्य में उसकी शारीरिक एवं मानसिक आवश्यकता के अनुसार कुछ गुण, दोष, भावनाए और इच्छाएं होते है जो उसके जन्म, उसके वातावरण और संगत से आते है, ज्योतिष विज्ञानं के अनुसार कुंडली में मनुष्य के पूर्व कर्म उसके जन्म के समय के ग्रह, नक्षत्र आदि उनकी स्थिति के अनुसार उसका स्वभाव अदि नियत हो जाता है. विवाह से पूर्व वर और कन्या की कुंडली मिलाने के पीछे भी यही उद्देश्य होता है की दो अपरिचित की भावनाए इच्छाए आपस में कितने प्रतिशत मिलेगी और कितना उन्हें समंजित करना होगा. अतः उनके अष्ट कुतो का मिलन किया जाता है जो निम्न प्रकार से है :-

• वर्ण

वर और कन्या का पूर्व जन्म का वर्ण का मिलान करते है, इसके अधिकतम १ अंक होते है

- वश्य

वर और कन्या का वश्य का मिलान किया जाता है, इसके अधिकतम २ अंक होते है

- तारा

वर और कन्या का तारा का मिलान किया जाता है, इसके अधिकतम ३ अंक होते है

- योनि

वर और कन्या का योनि का मिलान किया जाता है, इसके अधिकतम ४ अंक होते है

- मैत्री

वर और कन्या का मैत्री का मिलान किया जाता है, इसके अधिकतम ५ अंक होते है

- गण

वर और कन्या का गण का मिलान किया जाता है, इसके अधिकतम ६ अंक होते है

- भकूट

वर और कन्या का भकूट का मिलान किया जाता है, इसके अधिकतम ७ अंक होते है.

- नाडी

वर और कन्या का नाडी का मिलान किया जाता है, इसके अधिकतम ८ अंक होते है.

इन सब अंको का योग करने पर अधिकतम ३६ आता है इसमें से प्राप्तांको का योग करके तब मांगलिकता या अन्य विषयों का मिलान करते है. वर और कन्या के ये गुण उनके पालन के समय की स्थिति परिस्थिति के हिसाब से कुछ परिवर्तित भी होता है, प्रत्येक पक्ष को अपने स्वभाव, इच्छा और

अनुभव का भी मिलान के समय विचार करना भी आवश्यक होता है. ज्योतिष एक विज्ञान है अतः इस कार्य में भावुक न होकर यदि इसमें सभी आवश्यक तथ्य जैसे जन्म समय, दिनाक एवं स्थान वास्तविक होने चाहिए तभी वास्तविकता तक पंहुचा जा सकता है.

8

त्याग तपस्या

युग के साथ मिलके सब कदम बढ़ाना सीख लो, एकता के स्वर में गीत गुनगुनाना सिख लो.

वर्तमान युग कलियुग कहलाता है, वास्तव में यह कर्मयुग है. आधुनिक संसाधनों, जिसमे अपने कर्मो के अनुसार ही परिणाम भी मिलता है, इसमें मनुष्यों की आयु भले ही कम हो परन्तु कार्य के परिणाम भी उसी अनुपात में शीघ्रता से मिल जाते है. यह कल पुरजो का युग है, अनुसन्धान का युग है, अपने भीतर सुप्त देवत्वको जागृत करने का युग है.

कलियुग नहीं करयुग है, ये इस हाथ दे उस हाथ ले.

सतयुग में सहस्रों वर्ष तपस्या करते थे, त्रेता युग में अश्वमेघ यज्ञ करते थे, द्वापरयुग में दान किया जाता था लेकिन कलियुग में केवल नाम जप की महिमा बताई गयी है.

कलियुग केवल नाम अधारा, सिमिर सिमिर नर उतरही पारा.

परन्तु इसके लिए सुपात्र का होना आवश्यक है उसके लिए महर्षि पतंजलि और महात्मा बुद्ध ने अष्टांग योग का वर्णन किया है.

आधुनिक विज्ञान के अनुसार पूरा अस्तित्व बस एक उर्जा है, जो स्वयं को विभिन्न विधि से विभिन्न रूपों में अभिव्यक्त कर रहा है. इस संसार के बिना आपका अस्तित्व नही हो सकता, क्योकि आप दोनों के बीच हर पल बहुत गहरा लेनदेन जारी रहता है. योग का शाब्दिक अर्थ है मेल. जब आप योग में होते है, तो इसका अर्थ है आपके अनुभव में सबकुछ एक हो गया है. यही इस विज्ञानं का रूप है. यह इसका गहनतम लक्ष्य भी है.

अष्टांग योग

* यम-

सभी प्राणियों के साथ किये जाने वाले व्यवहारिक जीवन को यमो द्वारा सात्विक और दिव्य बनाना होता है. यम पञ्च हैं.

अ. सत्य- मन, कर्म, वाणी से सदैव सत्य मनन और भाषण करना. बात को ज्यो की त्यों कह देना ही सत्य नही है, वरन जिसमे प्राणियों का अधिक हित होता है, वही सत्य है.

ब. अहिंसा – किसी भी प्राणी के प्रति हिंसा न करना, अहिंसा का वास्तविक तात्पर्य है, द्वेषरहित होना, प्रेम की पूजा, मृत्यु से विचलित न होना.

स. अस्तेय – अस्तेय का वास्तविक तात्पर्य है, अपना वास्तविक हक खाना. विचार कीजिये – इस वस्तु पर मेरा धर्मपूर्वक हक है ? इसमें किसी दुसरे का भाग तो नही, अधिक तो नही ले रहे हैं, कर्तव्य में कमी तो नही, जिनको चाहिए उनको दिए बिना तो नही ले रहे हैं.

द. ब्रह्मचर्य – ब्रह्मचर्य का अर्थ है, मन, वचन और काया से समस्त इन्द्रियों का संयम.

य. अपरिग्रह –अनावश्यक वस्तु या विचार का संग्रह न करना,

• नियम-

अपने शरीर इन्द्रिय तथा अन्तःकरण से सम्बन्ध रखने वाले व्यवहारिक विषयों को सात्विक, पवित्र व दिव्य बनाना. नियम पञ्च हैं.

अ. शौच – अपने शरीर, वस्त्र, मकान और उपयोग में आ रही वस्तुओ को स्वच्छ, पवित्र रखना. जल से तन की और सत्य से मन की शुदि्ध होती है.

ब. तप- सदुद्देश्य के लिए कष्ट सहना तप है.

स. संतोष – भली, बुरी हर परिस्थितियों में प्रसन्न रहना, संतोष का तात्पर्य है.

द. स्वाध्याय- अपने आप स्वयं के बारे में पढना, स्वाध्याय के योग्य मनोभूमि तैयार कर्ण के किये सद्ग्रंथो का अवलोकन बहुत ही आवश्यक है.

य. ईश्वर प्रणिधान – ईश्वर को धारण करना. मित्र की तरह सलाह लेना. अंतरात्मा से सदैव योग्य, उचित एवं लाभदायक उत्तर मिलता है.

• आसन – आसन का सर्वप्रथम उद्देश्य तो स्थिर होकर कुछ घंटे बैठ करना सकने का अभ्यास है. दूसरा उद्देश्य शारीरिक अंगो और नस नाढ़ीयों का एसा व्यायाम करना , जिससे उनके दोष निकलकर कार्य क्षमता की वृदि्ध हो सके.

• प्राणायाम- यम-नियमो द्वारा अन्तःचेतना की सफाई के साथ साथ, शरीर व मन को बलवान बनाने के लिए आसन, प्राणायाम की क्रिया सम्पन्न की जाती है.

• प्रत्याहार- प्रत्याहार का अर्थ है उगलना, अपने कुविचारो, कुसंस्कारो, दुस्वभावो और दुर्गुणों को निकाल कर बाहर करना. महान सम्पदा के स्वागतार्थ योग्य मनोभूमि तैयार का निर्माण. आंख, जिह्वा आदि इन्द्रिया अपने अपने विषयों की ओर भागती हैं, उनको वहां से रोकना और इष्ट साधना में ध्यान लगाना प्रत्याहार है.

• धारणा – धारणा का तात्पर्य उस प्रकार के विश्वास को धारण करना है, जिनके द्वारा मनोवांछित स्थिति प्राप्त हो जाती है.

- ध्यान– ध्यान का तात्पर्य है, चिंतन को एक हिदिषा में बहने देना.उसे अस्त व्यस्त उड़ानों में भटकने से रोकना. किसी एक ही लक्ष्य पर कुछ समय विचार करना. नियत विषय में अधिकाधिक मनोयोग से जुट जाना, तन्मय हो जाना, सारी सुधबुध भुलाकर उसी में निमग्न हो जाना, ध्यान है. समाधि से ठीक पहले की स्थिति.
- समाधि – जब किसी बात पर भली प्रकार निर्विकल्प एक रूप से चित्त जम जाता है, तब उस अवस्था को समाधि कहा जाता है. इस स्थिति में विकारी मन अपनी सारी चंचलता के साथ गाढ़ी निद्रा में चला जाता है.

महर्षि याज्ञवलक्य जी ने त्रिगुणी नारायण में यज्ञविद्या का अन्वेषण किया था, और उसके भेदों उपभेदो का परिणाम मनुष्य एवं समग्र जीव जगत के मानसिक एवं शारीरिक स्वास्थ्य वद्र्धन हेतु वातावरण शोधन, वनस्पति संवद्र्धन एवं पर्जन्यवर्षण के रूप में जांचा परखा था. हिमालय के इस दुर्गम स्थान पर सम्प्रति एक यज्ञ कुंड में अखंड अग्नि है जिसे शिव पार्वती विवाह के समय से प्रज्ज्वलित मन जाता है. यह उस परंपरा की प्रतीक अग्नि शिखा है.

यज्ञो के वर्ग

जड़ वस्तु सम्बन्धी, शरीर सम्बन्धी, वाणी सम्बन्धी, प्राण सम्बन्धी, परमात्म सम्बन्धी.

यज्ञो के नाम

द्रव्य यज्ञ धन धान्य वस्त्रादि को ईश्वर प्रीत्यर्थ दान धर्म और परोपकार में खर्च

देव यज्ञ देवताओ के लिए जड़ वस्तुओ का हवन करना

ज्ञानेन्द्रिय यज्ञ ज्ञानेन्द्रियो के संयम का अभ्यास

विषय यज्ञ इन्द्रियों के द्वारा उन्ही विषयों का सेवन करना जो यज्ञविशिष्ट है

स्वाध्याय ज्ञान यज्ञ अर्थ ज्ञान सहित धर्मगृन्थो के अध्ययन का अभ्यास (वेदाध्ययन, स्तोत्र नाम जप)

प्राण यज्ञ अपान,व्यान,उदान और समान इन चारो का प्राण वायु में हवन करनायानि पूरक

अपान यज्ञ प्राण, उदान,व्यान और समान इन चारो का प्राण वायु में हवन करनायानि रेचक

प्राणअपान यज्ञ शारीर में दोष रहित शुद्ध प्राण वायु को स्थिर स्वस्थ और शांत करना, सम प्रमाण में रोक कर अभ्यंतर या बाह्य कुम्भक प्राणायाम करना

अंतर प्राण यज्ञ इन्द्रियों को चेतन करने वाली प्राणशक्ति को आहार के संयम से वश में करना

योग यज्ञ बुद्धि योग यानि कुशलता से निष्काम कर्म करना अथवा अष्टांग योग का साधन करना

तपो यज्ञ व्रतोउपवास या अहिंसादि तीक्षण वृतो द्वारा तनमन को शुद्ध और पवित्र बनाना या स्वधर्म का पालन करना

जप यज्ञ इन्द्रियों की चेष्टाओ और प्राणों के व्यापार को रोककर मन को आत्मा में एकाग्र करना

इन्द्रिय प्राण कर्म यज्ञ इन्द्रियो की चेष्टा और मन के व्यापार को ज्ञान से प्रकाशित परमात्मा में स्थित रूप योग में लगाना

ज्ञान यज्ञ या ब्रह्म यज्ञ सब कुछ ब्रह्म स्वरुप समझकर सर्वदा सर्वत्र समस्त क्रियाओ में सर्वथा ब्रह्म का अनुभव करना

9
संस्कार

संस्कार

प्राचीन भारत के ऋषि, मुनि वैज्ञानिक थे, उन्होंने मनुष्य के जन्म के पूर्व से लेकर मरणोत्तर जीवन तक के संस्कारो की विज्ञानसम्मत प्रक्रिया के साथ इस प्रकार अविच्छिन्न रूप से जोड़ दिया की जीवनयात्रा में निरंतर परिशोधन-प्रगति के अलावा किसी को भी कुछ और अनिष्ट भी न होने पाए. निरंतर आत्मसत्ता कषाय कल्मषो से मुक्त होती चले एवं अंततः मोक्ष को प्राप्त हो. संस्कारो से भरा ऋषि जीवन हमारी संस्कृति का मेरुदंड रहा है. हर संस्कार यज्ञ-प्रक्रिया के साथ सम्पन्न हो जीवन में महानता के अवतरण का एक माध्यम बनता जा रहा है. संसार की किसी और सभ्यता या संस्कृति में इतना गूढ़ दार्शनिक समावेश आध्यात्मिकता का नहीं देखा जाता, जिससे की गुण सूत्र और जींस तक प्रभावित होते है. यह हमारी षोडश संस्कार परम्परा ही है जिसने मानव में महामानव के अवतरण, देवत्व के अभिवर्द्धन और श्रेष्ठ संततियो के माध्यम से धरती पर सतयुग का अवतरण किया है, सतयुगी परिस्थितियों के अवतरण का वातावरण बनाया और वह वैसा बना ही रहा. और भारत विश्वगुरु कहलाया.

कालान्तर में विदेशी अक्रान्ताओ के द्वारा यहाँ पर हमले किये गये और यहाँ की संस्कृति को नष्ट करने हेतु यहाँ के मंदिर को तोडा गया तथा विद्यालयों, पुस्तकालयों को नष्ट किया गया. जिसके कारण यहाँ के निवासी वेदों से विमुख हो गये परिणामस्वरूप विदेशियों के गुलाम होते चले गये. अतः अब आवश्यकता है की हम पुनः अपनी वैदिक संस्कृति को अपनाये और उसमे हुई त्रुटियों का वेदों का सही अर्थ समझ कर उनका निराकरण करे. मनुष्य के निरंतर सर्वांगीं विकास हेतु निम्न संस्कार होते हैं : -

पुंसवन संस्कार

गर्भवती स्त्री को उसके निजी कर्तव्यों का तथा सारे परिवार को नई आत्मा के आगमन हेतु स्वागत का उपयुक्त वातावरण बनाने का प्रशिक्षण, पुंसवन संस्कार के माध्यम से किया जाना चाहिए. धर्मानुष्ठान का जहाँ गर्भस्थ बालक पर प्रेरणा प्रद प्रभाव पड़ेगा, वहां परिवार

के सभी सदस्य यह अनुभव करेंगे कि एक आत्मा के दिव्य अवतरण की पुन्य वेला में उन्हें अपनेअपने कर्तव्यों की तयारी में क्या क्या करना है.बालक का उचित प्रशिक्षण व निर्माण गर्भावस्था में ही हो जाना चाहिए. यह कैसे होगा इसको विस्तारपूर्वक समझाने का प्रयोजन पुंसवन संस्कार से पूरा होगा. व्यक्ति निर्माण का कार्य यही से प्रारम्भ होता है.

नामकरण संस्कार

इस संस्कार के अवसर पर बालक के शारीरिक पालन पोषण की ही नही अपितु मानसिक विकास की विधि व्यवस्था भी समझाई जाती है, ताकि माता पिता ही नही परिवार के सभी सदस्य इस नवीन आगन्तुक को सुसंस्कृत बनाने में अपना अपना दायित्व समझे और उनका पालन करें.

अन्नप्राशन

अन्नप्राशन के समय बच्चा छोटा होता है, परन्तु परिवार के वयोवृद्ध सदस्यो को यह सिखाया जाता है की बालक की शारीरिक रक्षा के लिए किस प्रकार, कितना और क्या भोजन कराया जाय. और मानसिक स्वस्थता की दृष्टि से वह अन्न कितना सात्विक एवं संस्कारित हो. अन्न से शारीर ही नहीं मन भी बनता है, इसलिए बच्चे को शरीर और मन की दृष्टि से समर्थ बनाने हेतु उसके आहार विहार पर पूरा ध्यान देना होता है.उसी सतर्कता की शिक्षा अन्न प्राशन के समय दी जाती है. उपस्थित लोगो को यह भी बताया जाता है कि वे स्वयं भी अपना आहार किस प्रकार रखे जिससे शरीर ओउर मन के स्वस्थ रहने के अतिरिक्त राष्ट्रीय खाद्यान संकट में अपना योगदान किस प्रकार करें.

चूड़ाकर्म

मुंडन का अर्थ है, मस्तिस्क को सन्स्कारित करने की आवश्यकता पर ध्यान देना. बालक छोटी आयु में ही बहुत कुछ सीख लेता है.कर्म स्वभाव का तीनचोथाई निर्माण छोटी सी आयु में ही होजाता है. चूड़ाकर्म के समय बल उतरना ही पर्याप्त नहीं, वर्ण यह सीखना भी आवश्यक होता है कि बालक पर वे संस्कार इन दिनों डाले जायं, जिनके आधार पर वह भावी जीवन में महापुरुषों और नर रत्नों की भूमिका प्रस्तुत कर सके. इसी संस्कार के साथ ही शिखा स्थापना भी किया जाता है.

विद्यारम्भ

विद्यारम्भ व साक्षरता का श्रीगणेश मनुष्य जीवन की सर्वाधिक महत्वपूर्ण आवश्यकता है. बच्चे को पढाना प्रारम्भ करते हुए, परिवार के सदस्यों को शिक्षा का उद्देश्य एवं स्वरूप भी निर्धारित कर लेना होता है. यह अनुभव करना होता है की जितनी शिक्षा स्कुल से पाई जाती है उतनी ही विद्या उसे घर पर भी मिलती रहे. भाषा, गणित, भूगोल और विज्ञान आदि स्कुल में पढाये जाते है तो गुण, कर्म और स्वाभाव की विद्या उसे परिवार के वातावरण से मिलती रहे. इस उभय पक्षीय प्रशिक्षण में परिवार के लोग अपनी भूमिका किस प्रकार प्रस्तुत करे, यह शिक्षा विद्यारम्भ संस्कार के समय परिवार को मिलती रहे.

यज्ञोपवीत(उपनयन)

यह संस्कार मानवता के अदेर्शो को हृदयंगम करने और अपनी जीवन नीति यज्ञीय आदर्शो- लोकहित हेतु जीवन धारण करने की नीति-नियमो पर चलने की प्रेरणा एवं प्रतिज्ञा के निमित्त किया जाता है.बालक थोडा सा समर्थ होते ही यह प्रतिज्ञा करता है कि पाशविक त्रिस्नाओ, अकांक्षाओ और वासनाओ की पूर्ति के लिए नहीं, वरन मानवता के महँ आदर्शो की पूर्ति के लिए जीवन जियेगा. इस प्रतिज्ञा के वह धागे की प्रतिमा सूत्र की तरह आजीवन साइन से लगाये रहता है, ताकि उसे जीवन नीति का सदा स्मरण बना रहे. धागे के रूप में वह नो आदर्शो (१) सत्य, (२) अहिंसा, (३) अस्तेय, (४) तितिक्षा, (५) अपरिग्रह, (६) संयम, (७) आस्तिकता, (८) शांति, (९) पवित्रता की पूर्ति के लिए तथा १. हृदय में प्रेम, २. वाणी में माधुर्य, ३.व्यवहार में सरलता, ४. नारी मात्र में मातृत्व की भावना, ५. कर्म में कला और सौन्दर्य की अभिव्यक्ति, ६. सबके प्रति उदारता और सेवा भावना, ७. अनुशासन और गुरुजनों का सम्मान, ८. सद्ग्रन्थो का स्वाध्याय और सत्संग, ९.स्वच्छता, व्यवस्था और निरालस्यता का भाव आदि गुणों का सामंजस्य हो. यज्ञोपवीत के नो धागों में नो देवता निवास करते हैं, १. ॐ कार, २. अग्नि, ३. अनंत, ४. चन्द्र, ५. पितृ, ६. प्रजापत, ७. वायु, ८. सूर्य और ९. सभी अन्य देवता. संस्कार के समय उपस्थित अन्य लोग भी यह प्रेरणा ग्रहण करते है की उनकी जीवन नीति क्या हो. अपने जन्म को किस प्रकार सार्थक बनाया जाय.

विवाहसंस्कार

विवाह दो आत्माओ का मिलन और एक नये परिवार, नये समाज का सृजन है. इतने महत्वपूर्ण कार्य को किन आदर्शो, सिद्धांतो, नीतियों, भावनाओ और गतिविधियों के साथ सुसंपन्न किया जा सकता है, इसकी पूरी विवेचना, व्याख्या विवाह मंत्रो से भरी हुई है. पति पत्नी को इस विवाह समझौते का पालन किस निष्ठां और तत्परता से करना होगा, इसकी स्पष्ट रुपरेखा विवाह कृत्यों में समाविष्ट है. आवश्यकता इस बात की है कि उनकी व्याख्या ठीक प्रकार की जा सके, और इस ढंग से प्रस्तुत की जा सके कि वर-वधू दोनों ही दत्त चित्त होकर सुने और पूरी हृदयंगम करे. देवताओ, भद्र पुरुषो एवं अग्नि की साक्षी में की हुई प्रतिज्ञाओ को यदि ठीक तरह समझा व् समझाया जा सके तो विवाह एक नविन निर्झरिणी प्रवाहित कर सकता है. इसी प्रकार इस मंगलमय धार्मिक अनुष्ठान को विधिवत कर्मकांड के साथ संपन्न कराया जा सके तो यह निश्चित है, कि वह दोनों पक्षों के लिए परम शुभ होगा और मंगलमय परिणाम उत्पन्न करेगा. विधिवत हुए विवाहों में कदाचित ही वह असफल हुआ हो, शायद ही किसी का असफल परिणाम निकला हो. आज लोग विवाह उत्सव की धूमधाम में तो लगे रहते है पर संस्कार की व्यवस्था और महत्ता को उपेक्षित ही पडा रहने देते है. आवश्यकता इस बात की है कि वर वधु ही नही वर्ण उपस्थित सभी लोग ध्यान पूर्वक उस अनुष्ठान को ध्यान से देखे और अपने निजी दाम्पत्य जीवन में भी जो विकृतिया रहती हो उन्हें इस संस्कार के होने वाले कर्म कांड एवं प्रशिक्षण के आधार पर अपनी भुल्सुधारे और स्दिग्रस्थी बनने की पद्धति सीखे.

सप्तपदी (saptapadi) का अर्थ और सप्तपदी (saptapadi) के सात वचन

पहला वचन (प्रथम पद)

तीर्थव्रतोद्यापन यज्ञकर्म मया सहैव प्रियवयं कुर्याः
वामांगमायामि तदा त्वदीयं ब्रवीति वाक्यं प्रथमं कुमारी!।

भावार्थ : कन्या अपने पहले वचन में वर से कहती है कि यदि आप कभी तीर्थयात्रा को जाओ तो मुझे भी अपने संग लेकर जाना। कोई व्रत-उपवास अथवा अन्य धर्म कर्म का कोई कार्य करें तो आज की भांति ही मुझे अपने वाम भाग में अवश्य स्थान दें। यदि आप इसे स्वीकार करते हैं तो मैं आपके वामांग में आना स्वीकार करती हूँ.

दूसरा वचन (द्विवतीय पद)

पुज्यो यथा स्वौ पितरौ ममापि तथेशभक्तो निजकर्म कुर्याः
वामांगमायामि तदा त्वदीयं ब्रवीति कन्या वचनं द्विवतीयम!!

भावार्थ : कन्या अपने दूसरे वचन में वर मांगती है कि जिस प्रकार आप अपने माता-पिता का सम्मान करते हैं, उसी प्रकार मेरे माता-पिता का भी सम्मान करें तथा कुटुम्ब की मर्यादा के अनुसार धर्मानुष्ठान करते हुए ईश्वर भक्त बने रहें तो मैं आपके वामांग में आना स्वीकार करती हूं।

तीसरा वचन (त्रितीय पद)

जीवनम अवस्थात्रये पालनां कुर्यात
वामांगंयामितदा त्वदीयं ब्रवीति कन्या वचनं तृतीयं!!

भावार्थ : तीसरे वचन में कन्या वर मांगती है कि आप मुझे यह वचन दें कि आप जीवन की तीनों अवस्थाओं में मेरा पालन करते रहेंगे, तो ही मैं आपके वामांग में आने को तैयार हूं।

चौथा वचन (चतुर्थ पद)

कुटुम्बसंपालनसर्वकार्य कर्तुं प्रतिज्ञां यदि कातं कुर्याः
वामांगमायामि तदा त्वदीयं ब्रवीति कन्या वचनं चतुर्थः।।

भावार्थ : कन्या अपने चौथे वचन में कहती है कि अब तक आप घर-परिवार की चिंता से पूर्णतः मुक्त थे। अब जब कि आप विवाह बंधन में बंधने जा रहे हैं तो भविष्य में परिवार की समस्त आवश्यकताओं की पूर्ति का दायित्व आपके कंधों पर है। यदि आप इस भार को वहन करने की प्रतिज्ञा करें तो ही मैं आपके वामांग में आ सकती हूं।

पांचवां वचन (पंचम पद)

स्वसद्यकार्य व्यहारकर्मण्ये व्यये मामापि मन्त्रयेथा
वामांगमायामि तदा त्वदीयं ब्रूते वचः पंचमत्र कन्या!!

भावार्थ : पांचवें वचन में कन्या वर मांगती है कि जो वह कहती है, वह आज के परिप्रेक्ष्य में अत्यंत महत्व रखता है। वह कहती है कि अपने घर के कार्यों में, लेन-देन अथवा अन्य

किसी हेतु खर्च करते समय यदि आप मेरी भी मंत्रणा लिया करें तो मैं आपके वामांग में आना स्वीकार करती हूं।

छठवां वचन (षष्ठ पद)

न मेपमानमं सविधे सखीना द्यूतं न वा दुर्व्यसनं भंजश्वेत

वामाम्ग्गमायामि तदा त्वदीयं ब्रवीति कन्या वचनं च षष्ठम्!!

भावार्थ : कन्या अपने छठे वचन में कहती है कि यदि मैं अपनी सखियों अथवा अन्य स्त्रियों के बीच बैठी हूं, तब आप वहां सबके सम्मुख किसी भी कारण से मेरा अपमान नहीं करेंगे। यदि आप जुआ अथवा अन्य किसी भी प्रकार के दुर्व्यसन से अपने आपको दूर रखें तो ही मैं आपके वामांग में आना स्वीकार करती हूं।

सातवां वचन (सप्तम पद)

परस्त्रियं मातूसमां समीक्ष्य स्नेहं सदा चेन्मयि कान्त कूर्या।

वामांगमायामि तदा त्वदीयं ब्रूते वच: सप्तमंत्र कन्या!!

भावार्थ :कन्या अपने अंतिम वचन के रूप में वर मांगती है कि आप पराई स्त्रियों को माता के समान समझेंगे और पति-पत्नी के आपसी प्रेम के मध्य अन्य किसी को भागीदार न बनाएंगे। यदि आप यह वचन मुझे दें तो ही मैं आपके वामांग में आना स्वीकार करती हूं।

'मैत्री सप्तपदीन मुच्यते' इसका अर्थ होता है कि एक साथ सिर्फ 7 कदम चलने से ही दो अनजान लोगोमें भी मित्र का भाव उत्पन्न हो जाता है अतः जीवनभर का साथ निभाने के लिए शुरुवात के 7 पदों की गरिमा एवं प्रधानता को स्वीकार किया गया है। सातवे पग में वर, कन्या से कहता है कि 'हम दोनों 7 पद चलने के पश्चात परस्पर मित्रवत हो गएहैं।'

जन्म दिवस एवं विवाह दिवस सस्कार

जन्म दिवस एवं विवाह दिवस के समय भी अपने संस्कारो को पुनः स्मरण, पुन्रावर्तन करते है, यज्ञ करना स्वस्ति वचन मंगलाचरण के साथ साथ वृक्ष रोपण करते है.

वान प्रस्थ

जब बच्चे जब आत्मनिर्भर हो जाय और परिवार के सभी आवश्यक दायित्व पूर्ण हो जाने पर मनुष्य को परमात्माके चिंतन और मनन करना एवं समाज के परिष्कार का कार्य करना होता है . तब परिवार का दायित्व बच्चो पर डाले स्वयम मार्गदर्शन करें. और बचा हुआ समय आत्मकल्याण और लोक कल्याण, विश्वमानव की सेवा में लगाये. इसी में जीवन की सार्थकता और सफलता है. जो ढलती उम्र और आखरी आयु में भी पेट पलता रहा और तृष्णा, वासना की लिप्सा में लगा रहा, उसने मानव जीवन का मूल्य ही नही समझा. वानप्रस्थ संस्कार विवाह से भी बढकर आवश्यक है. व्यक्ति का निजी और सर्व समाज का कल्याण इसी मार्ग पर चलने से संभव होगा. उच्च आदर्शो के अनुरूप जीवन ढालने और वैसी ही परिस्थितियां सरे समाज में उत्पन्न करने के लिए अपनी प्रतिभा को लगा देने की प्रेरणा इसी संस्कार से मिलती है. प्राचीन काल में समाज के हर क्षेत्र में यह वानप्रस्थ ही अपने परिवार का मोह त्याग कर सम्पूर्ण समाज का निस्वार्थ नेत्रत्व करते थे. वर्तमान युग में वानप्रस्थ

योग्य व्यक्ति का अपने परिवार से अधिक मोह के कारण अपने विचारो को परिवार पर थोपने की इच्छा, दो पीढीयों के विचारों में एकरूपता न होने के कारण आपसी कलह बढ़ रही है, परिणामस्वरूप वृद्धाश्रम बन रहे है. आज इस पुन्य परम्परा के नष्ट हो जाने से, प्रखर नेत्रित्व के लिए उपयुक्त व्यक्ति न मिलने के कारण संकट उत्पन्न हो गया है. संसार के सामने जितनी भी समस्याए हैं, उनसे जूझने के लिए, प्रसुप्त मानस को जागृत करने के लिए जिन प्रबुद्ध लोकसेवियो की एक विशाल सेना आज अभिष्ट है उसकी उपलब्धि, वानप्रस्थ – निस्पृह भावना से ओतप्रोत धर्मप्रेमी ही करेंगे. यह संस्कार हर सुयोग्य व्यक्ति कराये. इसकी हवा बहने लगे तो इस समाज की कायाकल्प होने में देर न लगे और पारिवारिक कलह की समस्या भी समाप्त हो जाय. .

मरणोतर संस्कार.

यह अंतिम, अंत्येष्टि और मरणोतर संस्कारो का विधि विधान है. यह दिवंगत जीवात्मा को सद्गति प्रदान करता है. साथ ही परिजनों को जीवन मरण के रहस्यों से परिचित कराकर उन्हें अपने शेष जीवन के सदुपयोग की शिक्षा देता है की दिवंगत आत्मा के छोड़े हुए उन कर्तव्यों, उत्तरदायित्वो का निर्वाह कौन और किस प्रकार पूरा करेगा. मृतात्मा के सद्गुणों की प्रशंसा करना, उसके द्वारा किये गए उपकारो के लिए श्रद्धान्जली अर्पित करना, अनुकरणीय बातो से प्रेरणा ग्रहण करना, ये सब क्रिया कृत्य इसे है जो मृतात्मा का संस्कार करने के माध्यम से एक नई हलचल उत्पन्न कर सकते है. और वे अपने जीवन को और अधिक सतर्कता पूर्वक सदुपयोग करने को तत्पर हो सकते हैं.अपने पितरो को सायंकाल में ध्यान करते हुए घर में दीपक जलाना और प्रति अमावस्या व प्रत्येक वर्ष के श्राद्ध पक्ष में अर्ध्य देना बहुत लाभकारी होता है.

10

मानव संरचना

जीवेद शरद शतम ....

भगवान् ने मानव को अपने जैसा समर्थ, सुंदर, प्रज्ञावान, तेजवान, वीर्यवान बनाया, उसमें देवत्व विद्यमान किया. मानव शरीर में पञ्च कोश होते है जिनके जागरण से देवत्व का उदय होता है.

* अन्नमय कोश

जिसका पोषण अन्न, जल, वायु आदि से होता है. अन्नमय कोष के दो भाग किये जा सकते हैं; एक प्रत्यक्ष अर्थात स्थूल शरीर, दूसरा परोक्ष अर्थात सूक्ष्म शरीर, दोनों को मिलाकर एक काया बनती है. पंच कोष की ध्यान धारणा में जिस अन्नमय कोष का उहापोह किया जाता है, वह सूक्ष्म है अतः इसे जीवन शरीर कहना उचित होगा. अन्नमय कोष की साधना जीवन शरीर को जागृत, परिपुष्ट, प्रखर एवं परिष्कृत रखने की विधि व्यवस्था है.जीवन शरीर का मध्य केंद्र नाभि है, जीवन शरीर को जीवित रखने वाली ऊष्मा और रक्त की गर्मी जो संचार का कर्ण है,और रोगों से लडती है, उत्साह और स्फूर्ति प्रदान करती है, यही ओजस है. ध्यान धारणा में श्रद्धा और संकल्प के साथ भावना करें कि साक्षात् सविता देव नाभि चक्र में अग्नि के माध्यम से सरे शरीर में प्रवेशकर रहे है. जीवन शरीर में ओजस का उभार और व्यक्तित्व में नव जीवन का संचार हो रहा है, पहले किअपेक्षा सक्रियता बढ़ गयी है, इदासी दूर हो गयी है और उत्साह और स्फूर्ति में उभार आया है.

* प्राणमय कोश

जीवनी शक्ति. जीवित मनुष्य में अंक जानेवाला विद्युत् प्रवाह, तेजोवलय और शरीर के अंदर और बाह्य क्षेत्र में फैली हिजैव विद्युत् की परिधि को प्राणमय कोष कहते हैं.शारीरिक स्फूर्ति एवं मानसिक उत्साह की विशेषता प्राण विद्युत् के स्तर और अनुपात पर निर्भर

करती है. चेहरे पर चमक, आँखों में तेज,मन में उमंग, स्वभाव में साहस एवं प्रवृत्तियों में पराक्रम इसी विद्युत् प्रवाह का उपयुक्त मात्रा में होना है. इसे ही प्रतिभा अथवा तेजस कहते हैं. ध्यान करें की सविता शक्ति मूलाधार चक्र (जननेंदरी व् गुदा के बीच) विद्युत् के माध्यम से प्राणमय कोष में प्रवेस और संव्याप्त हो रही है. सविता की विद्युत् शक्ति काया में संव्याप्त विद्युत् के साथ मिलकर इसकी संख्या असंख्य गुना बढ़ा देती है, ध्यान करें की मेरे कनकन में, नसनस में, रोम रोम में सविता से अवतरित विशिष्ट शक्ति का प्रवाह गतिशील हो रहा है. आत्मसत्ता प्राणविद्युत से ओतप्रोत एवं आलोकित हो रही है. यह दिव्य विद्युत् प्रतिभा बनकर व्यक्तित्व को प्रभावशाली बना रही है, पराक्रम और साहस का जागरण हो रहा है.

• मनोमय कोश

विचार बुद्धि, विवेकशीलता, मनोमय कोष पूरी विचार सत्ता का क्षेत्र है. इसमें चेतन, अचेतन और उच्च चेतन की तीनो ही परतो का समावेश है.इसमें मन, बुद्धि और चित्त तीनो का संगम है. मन कल्पना करता है, बुद्धि विवेचना करती है और बुद्धि में अभ्यास के आधार पर वे आदते बनती है, जिन्हें संस्क्र भी कहा जाता है. इन तीनो का मिला हुआ स्वरूप मनोमय कोष है. मनोमय कोष का प्रवेश द्वार आज्ञा चक्र (भूमध्य) है, आज्ञा चक्र में ध्यान धारणा में व्यक्ति चेतना में उच्चस्तरीय प्रखरता उत्पन्न करने के लिये ब्रहम चेतना के समावेश की आवश्यकता पड़ती है. ब्रहमसत्ता की उसी से विनिर्मित प्रतिक-प्रतिमा सूर्य है. उसकी सचेतन स्थिति सविता है, भावना करें सविता का प्रकाश आज्ञाचक्र, मस्तिष्क क्षेत्र से सम्पूर्ण शरीर में व्याप्त मनोमय कोष में फैल रहा है. आत्म सत्ता का समूचा चिन्तन, क्षेत्र, मनोमय कोष सविता की ज्योति एवं ऊर्जा से भर गया है.आत्मसत्ता की स्थिति ज्योति पुंज एवं ज्योति पिंड बनने जैसी हो रही है, दृश्य में ज्योति का स्वरूप भावानुभूति में प्रज्ञा बन जाता है. सविता के मनोमय कोष में प्रवेश करने का अर्थ है – चेतना का प्रज्ञा वान बनना, ऋतम्भरा से, भूमा से आलोकित एवं ओतप्रोत होना. इस स्थिति को विवेक एवं संतुलन का जागरण भी कह सकते हैं.

• विज्ञानमय कोश

भावप्रवाह . विज्ञानमय कोष चेतन की तरह है, जिसे अतीन्द्रिय-क्षमता एवं भाव सम्वेदना के रूप में जाना जाता है. विज्ञानमय और आनंद मय कोष का सम्बन्ध सूक्ष्म जगत की ब्रह्मचेतना से है. सहानुभूति की सम्वेदना, सहृदयता और सज्जनता का सम्बन्ध हृदय से है. यही हृदय एवं भाव संस्थान अध्यात्मशास्त्र में विज्ञानमय कोष कहलाता है. परिष्कृत हृदय चक्र में उत्पन्न चुम्बकत्व ही दैवी तत्वों को सूक्ष्म जगत से आकर्षित करता है, और आत्मसत्ता में भर लेने की क्रियाएं सम्पन्न करता है. श्रद्धा जितनी परिपक्व होगी

– दिव्य लोक से अनुपम वरदान खींचते चले आएंगे. अतीन्द्रिय क्षमता, दिव्य दृष्टि, सूक्ष्म जगत से अपने प्रभाव-पराक्रम पुरुषार्थ द्वारा अवतरित होता है. ध्यान धारणा में सविता का प्रवेश दीप्ति के रूप में माना गया है. दीप्ति प्रकाश की वह दिव्य धारा है, जिसमे प्रेरणा एवं आगे बढने की शक्ति भरी रहती है, एसी क्षमता को वर्चस कहते है. यह प्रेरणा से भी ऊँची चीज है प्रेरणा से दिशा प्रोत्साहन देने जैसा भाव टपकता है, किन्तु वर्चस में वह चमक है जो धकेलने, फैकने, घसीटने और उछालने की भी सामर्थ्य रखती है. नस नस में, रोम रोम में दीप्ति का संचार, दीप्ति का प्रभाव, दिव्यभाव संवेदनाओ और अतीन्द्रिय ज्ञान के रूप में होता है. दीप्ति की प्रेरणा से सद्भावनाओ का अभिवद्र्धन होता है और सहृदयता जैसी सदप्रवृत्तिया उभर कर आ ती है, एसी आस्था अन्तः करण में सुदृढ़ अवस्था में होनी चाहिए. स्वयम को असीम सत्ता में व्याप्त फैला हुआ अनुभव करें. सहृदयता, श्रद्धा, दिव्य ज्ञान का विकास और स्नेह करुना जैसी संवेदनाओ से रोमांच का शरीर में बोध हो रहा है.

- आनंदमय कोश

यह चेतना का वह स्तर है, जिनमे उसे अपने वास्तविक स्वरूप की अनुभूति होती रहती है. आत्मबोध के दो पक्ष हैं ;

- अपनी ब्राह्मी चेतना, ब्रह्म सत्ता का बहन होने से आत्मसत्ता में व्याप्त परमात्मा का दर्शन होता है.
- संसार के प्राणियों और पदार्थों के साथ अपने वास्तविक सम्बन्धो का तत्वज्ञान भी हो जाता है. इस कोष के परिष्कृत होने पर एक आनंद भरी मस्ती छाई रहती है. ईश्वर इच्छा मन कर प्रखर कर्तव्य परायण किन्तु नितांत वैरागी की तरह काम करते हैं. स्थितप्रज्ञ की स्थिति आ जाती है. आनंदमय कोष की ध्यान धारणा से व्यक्ति में ऐसे परिवर्तन आरम्भ होते है, जिनके सहारे क्रमिक गति से बढ़ते हुए धरती पर रहने वाले देवता ऐ रूप में जीवन यापन कर सकने का सौभाग्य प्राप्त होता है. ध्यान धारणा में सविता का सहस्रार मार्ग से प्रवेश करके समस्त कोष सत्ता पर छा जाने, ओत प्रोत होने का ध्यान किया जाता है. यदि संकल्प में श्रद्धा, विश्वास की प्रखरता हो, तो सहस्रार का चुम्बकत्व सविता शक्ति को प्रचुर परिमाण में आकृषित करने और धारण करने में सफल हो जाता है. इसकी अनुभूति कांति रूप में होती है. कांति सामान्यतः सौन्दर्य मिश्रित प्रकाश को कहते है, और किसी आकर्षक एवं प्रभावशाली चेहरे को कांतिवान कहते हैं, किन्तु यहाँ शरीर की नही आत्मा की कांटी का प्रसंग है. इसलिए वह तृप्ति अर्थात संतोष, तुष्टि अर्थात प्रसन्नता एवं शांति अर्थात उद्वेगरहित, सुस्थिर मनःस्थिति के रूप में देखी जाती है.

सविता शक्ति के पंच कोष में प्रवेश करने और छा जाने की अनुभूति एसी गहरी और भावपूर्ण होनी चाहिए, जैसे प्रसन्नता की स्थिति में मन उल्लास से उभरता है, अथवा धूप में बैठने से शरीर गर्म होता है.

पंच प्राण : -

- प्राण,
- अपान,
- समान,
- उदान,
- व्यान

पञ्च उपप्राण :-

1. नाग
2. कूर्म
3. किंकिर
4. देवदत्त
5. धनञ्जय

पंचतत्व : -

- पृथ्वी,
- जल,
- अग्नि,
- वायु,
- आकाश.

पंच देव : -

- गणेश,
- भवानी,
- ब्रह्मा,
- विष्णु,
- महेश.

जीवन एक जटिल जाल है, इसको बनाने वाले पञ्च तत्वों का खेल काफी जटिल और विकसित है. ब्रम्हा द्वारा आकाश से उत्पन्न वायु, वायु से उत्पन्न अग्नि, अग्नि से उत्पन्न जल और जल से उत्पन्न पृथ्वी आदि से पुरे ब्रम्हांड का निर्माण किया गया. आजादी की कुंजी हमारा सीमित व्यक्तित्व है. आप यदि जानते है की इस मायाजाल से कैसे बाहर निकलना है, तो जीवन की जटिलता ढेर हो जायगी. और सब कुछ ठीक हो जाता है. तब हम अचानक अस्तित्व के साथ आदर्श तालमेल की अवस्था में होते हैं.

अपने स्वास्थ्य और शरीर के बुनियादी ढांचे को बदलने के लिए सबसे आसान कार्य जो हम कर सकते है. वह है इन पञ्च तत्वों (पंच महाभूत) के साथ भक्ति भाव और आदर के साथ व्यवहार करना जैसा कि हम अपने सर्वोच्च इष्ट के साथ करते है. अर्थात प्रत्येक तत्व का सम्मान, उसके दुरूपयोग को रोकना. उच्च नीच की भावना को यह प्रक्रिया समाप्त कर देगी. जैसे जैसे हमारे जीवन में सचेतन पलों की संख्या बढती है, हम तुरंत बदलाव महसूस करते है. वह श्वास जो हम लेते है, वह भोजन जो हम ग्रहण करते है, वह जल जो हम पीते है, वह धरती जिस पर हम चलते हैं और वह आकाश जो हमे संभालता है, ये सभी हमें एक ईश्वरीय सम्भावना प्रदान करते हैं.

प्रत्येक तत्व के अणु, परमाणु विद्यमान होते हैं. उसी प्रकार सभी में स्थूल शरीर(hardware), सूक्ष्म शरीर(software) और कारण शरीर (memory card) आदि होते है. कोई भी भोज्य पदार्थ जो ग्रहण किया जाता है, ग्रहण करने वाले के कोशो के अनुसार परिवर्तित हो जाता है. इसलिए जो भोजन हम ग्रहण कर रहे है उसकी पैदा होने से लेकर तैयार होने तक वह जिस वातावरण में रहा उसका प्रभाव रहता है. इसी अनुसार प्रत्येक वस्तु की अपनी स्मृति होती है और स्मृति के अनुसार ही वह वास्तु व्यवहार करती है.

यजुर्वेद के शांति पाठ मन्त्र में सृष्टी के समस्त तत्वों, कारको से शांति बनाये रखने की प्रार्थना करता है. इसमें यह कहा गया है कि हे परमात्मा स्वरुप त्रिभुवन में शती कीजिये, गगन, थल, वायु में शांति हो, अन्तरिक्ष में शांति हो, पृथ्वी पर शांति हो, जल में शांति हो, औषधि में शांति हो, वनस्पतियों में शांति हो, विश्व में शांति हो, सभी देवता गणों में शांति हो, ब्रम्ह में शांति हो, सब में शांति हो, चारो और शांति हो, शांति हो, शांति हो, शांति हो. हिन्दू धर्म का प्रकृति के साथ गहरा रिश्ता है, इसे इस बात से समझा जा सकता है की दुनिया के सबसे प्राचीन ग्रन्थ ऋग्वेद का प्रथम श्लोक ही अग्नि के स्तुति में रचा गया है, वेदों में पर्यावरण संतुलन का महत्व अनेक प्रसंगों में निहित है.हमारे ऋषि, महायोगियो ने इस पर प्रयोग किये अनुसन्धान किये.महर्षि याज्ञवलाक्य ने अग्नि, पृथ्वी, वायु, अन्तरिक्ष और सूर्य को स्थानीय देवता के रूप में महत्वपूर्ण मानकर सम्पूर्ण पर्यावरण को स्वच्छ विस्तृत और संतुलित रखने का भाव व्यक्त किया है. सभी लोग मिल कर पंच महाभूतो की शुद्धि करें और प्रकृति का आनंद ले तथा शारीरिक व् मानसिक स्वास्थ्य लाभ उठाये. यही भारतीय जलवायु के अनुसार हमें शुद्ध, समृद्ध, उत्साहित, प्रस्फुरित व सुदृढ़ करते है.

11

सनातन पर्व

हमारे भारतीय सनातन पर्व

भारतीय ऋषियों ने मानवीय एवं समस्त चराचर के हितो को ध्यान में रखते हुए पर्यावरण को शुद्ध बनाने हेतु विभिन्न प्रयास किये . जिनके अंतर्गत हमें पर्व मनाने का चलन हुआ और वर्ष के 12 महीनो में गृह नक्षत्र एवं देव पितृ और महयोगियो को उनके द्वारा प्रदत संसाधनों का धन्यवाद करने का प्रचालन विभिन्न पर्वो के रूप में हुआ. कुछ पर्व निम्नवत हैं : -

चैत्र मास

कृष्ण पक्ष की प्रतिपदा को दुलहण्डी जिसमे टेसू के फूलोके जल को से एक दुसरे पर गिरा कर होली का पर्व मानते है. कृष्ण पक्ष की अष्टमी को शीतला माता की आराधना करते है तथा उस दिन अग्नि का प्रयोग नहीं करते. मंगल वर को काली माता की पूजा करते हैं. शुक्ल पक्ष की प्रतिपदा से नवमी तक माँ दुर्गा की शक्ति साधना करते है जिसमे मात्र फल का प्रयोग करते है तथा चतुर्दशी को बाला सुन्दरी शक्ति माता की आराधना करते हैं. यह नवरात्रि माँ सरस्वती की उपासना हेतु है.

वैशाख मास

त्रित्या,जानकी नवमी, मोहिनी एकादशी

ज्येष्ठ मास

कृष्ण पक्ष में वट अमावस्या, गंगा दशमी,निर्जल एकादशी वृक्ष और जल संरक्षण हेतु.

अषाढ़ मास

कृष्णपक्ष में योगिनी एकादशी, अमावस्या जल संरक्षण हेतु. शुक्ल पक्ष प्रथम,द्विवतया व् हरी शयनी एकादशी जल व पृथ्वी सरक्षण हेतु.

श्रवण मास

कृष्ण पक्ष में शिव की आराधना, वृक्षारोपण, मंगला गौरी ,कामिका एकादशी एवं शिव त्रयोदशी और शुक्ल पक्ष में नागपंचमी, एकादशी, रक्षा बंधन आदि.

भाद्रपद मास

कृष्ण पक्ष में कजरी तीज, हल षष्ठी, कृष्णाष्टमी, गुग्घा नवमी, प्रबोधनी एकादशी, कलियुगी द्वादशी, कुशोत्पतनी अमवस्या आदि पर्यावरण की शुद्धि हेतु. शुक्ल पक्ष, में हरतालिका तीज, गणेश चतुर्थी, ऋषि पंचमी, दूब सप्तमी, राधा अष्टम, दशावतार दशमी, विष्णु परिवर्तन एकादशी, वामन द्वादशी, अनंत चतुर्दशी, उमामहेश्वर पूर्णिमा आदि.

अश्विन मास

भाद्रपद पूर्णिमा से पित्रिविसर्जन अमावस्या तक पितरो के निमित श्राद्ध मनाये जाते है शुक्ल पक्ष की प्रतिपदा से दुर्गा नवमी तक शक्ति की पूजा हेतु नवरात्र मनाते है पद्मनाभ एकादशी शाकम्भरी चतुर्दशी व शरद पूर्णिमा आदि.

कार्तिक मास

कृष्ण पक्ष में चंद्रायन व्रत,करवा चौथ, अहोई अष्टमी, रम्भा एकादशी, गोवत्स द्वादशी, धन्वन्तरी त्रयोदशी, रूप चतुर्दशी, दीपावली आदि. शुक्ल पक्ष में अन्नकूट, गोवर्धन, भाई दूज (यमुना पूजा),सूर्य षष्टी, गोपाष्टमी, आंवला नवमी, देवोत्थान एकादशी, बैकुंठ चतुर्दशी, कार्तिक पूर्णिमा आदि.

मार्गशीर्ष मास

कृष्ण पक्ष भैरव अष्टमी, उत्पन्न एकादशी, आदि. शुक्ल पक्ष में मोक्षदा एकादशी, मगही पूर्णिमा आदि

पौष मास

गौरी तृतीया,सफल एकादशी, अमावस्या आदि. शुक्ल पक्ष में पुत्रदा एकादशी.

माघ मास

कृष्ण पक्ष में गणेश चतुर्थी, वसंत पंचमी, भीष्म अष्टमी, विजय एकादशी, शिव चतुर्दशी. शुक्ल पक्ष में जानकी नवमी, जय एकादशी, माघपूर्णिमा.

फाल्गुन मास

कृष्ण पक्ष एकादशी, शिव चतुर्दशी, . शुक्ल पक्ष में आनन्द नवमी, आमलकी एकादश, होलाष्टक, होलिका पूर्णिमा.

इस प्रकार से ऋषियों ने प्रत्येक पर्व को खगोलीय स्थिति के अनुसार पर्यावरण को सरक्षण एवं जीवन में स्फूर्ति, उत्साह हेतु विभिन्न आयामो से पल्लवित किया.

12

दैवी सम्पत्ति के गुण

- किसी भी अवस्था में किसी भी प्रकार का भय न होना,
- अन्तः करण का भलीभांति शुद्ध हो जाना.
- परमात्मा के स्वरुपज्ञानरूप योग में निरंतर स्थित रहना.
- देश- काल- पात्र सात्विक देखकर दान करना,
- इन्द्रियों का वश में करना.
- यथाधिकार अनेक प्रकार के यज्ञ करना.
- ईश्वर और ऋषि प्रणित अध्यात्मिक सद्ग्रन्थो का अध्ययन और भगवत नाम गुण कीर्तन करना.
- स्वधर्म पालन हेतु यदि कष्ट भी मिले तो सहना.
- शरीर मन और इन्द्रियों का सरल रहना.
- मन कर्म वाणी से किसी भी प्रकार की हिंसा न करना.
- सत्य भाषण और अपनी जानकारी के अनुरूप प्रिय शब्दों में कह देना.
- अपना बुरा करने वाले पर भी क्रोध न करना.
- कर्तापन के अभिमान का त्याग करना.
- चित्त की चंचलता का मिट जाना.
- किसी की निंदा या चुगली न करना.
- सभी प्राणियों में अहैतुकी दया करना.
- इन्द्रियों का विषयों के साथ संयोग होने पर भी विषयों में आसक्ति का न होना.
- मन वाणी का कोमल होना.
- मन-कर्म-वाणी से व्यर्थ चेष्टा न करना.
- किसी भी अवस्था में धैर्य न छोड़ना.
- बाहर भीतर से शुद्ध रहना.
- किसी के प्रति भी शत्रु भाव न रखना.
- अपने में किसी भी तरह के बड़प्पन का अभिमान न होना.

स्थितप्रज्ञ या जीवन मुक्त पुरुष के लक्षण

- जो मन में उपस्थित सभी कामनाओ को त्याग देता है.
- जो आत्मा से ही आत्मा में संतुष्ट है.
- जो दुखो से घबराता नहीं है.
- जो सुख की इच्छा नहीं रखता.
- जो आसक्ति, भय और क्रोध से मुक्त है.
- जो सर्वत्र ममतामय स्नेह से रहित है.
- जो शुभ वास्तु पाकर हर्ष और अशुभ वास्तु पाकर द्वेष नहीं करता.
- जो इन्द्रियों को सभी विषयों से हटा कर अन्तर्मुखी रखता है.
- जो मन इन्द्रियों को वश में करके प्रभु के परायण रहता है.
- जो निर्मल मन और प्रसन्नचित रहता है.
- जो नित्य शुद्ध बोद्धस्वरूप परमानंद में निरंतर जागृत रहता है और नाशवान क्षणभंगुर सांसारिक सुखो मे सोता रहता है. अर्थात आत्मस्वरूप में स्थित और भोगो से उदासीन रहता है
- जप भोगो से विचलित न होकर समुद्र की तरह स्व-स्वरूप में अचल स्थिर रहता है.
- जो कामना, ममता, अहंकार और स्पृहा का त्याग कर देता है.

13

उपवास

उपवास

यदि हम शरीर के स्वाभाविक चक्र पर विचार करते हैं तब पते है कि मनुष्य के शारीर तन्त्र चालीस से अड़तालीस दिनों के एक चक्र से गुजरता है. इस चक्र को मंडल कहते है, प्रत्येक चक्र में तीन दिन ऐसे है जिसमे हमारे शरीर को भोजन की आवश्यकता नही होती.यदि हम अपने शारीर के कम करने की विधि के विषय में जागरूक है, तो हम जानेंगे कि किसी विशेष दिन हमारे शरीर को भोजन नही चाहिए. वह दिन बिना भोजन के रह सकते है. यहाँ तक कि कुत्ते बिल्लियों को भी यह ज्ञान होता है, किसी खास दिन वह भोजन नही लेते.

जिस दिन शरीर कहता है की आज भोजन नहीं चाहिए वह दिन सफाई का दिन होता है. चूँकि अधिकतर लोगो को यह ज्ञान नही होता कि किस दिन उन्हें भोजन नही लेना, अतः भारतीय कैलेंडर के अनुसार चन्द्र मास के ग्यारहवे दिन -एकादशी को, जो पन्द्रह दिन में एक बार आता है उपवास का दिन सुनिश्चित कर दिया गया है. योग विज्ञानं के अनुसार पानी, हवा और सुर्य का प्रकाश उर्जा को आत्मसात करने की हमारी क्षमता चन्द्र चक्र के कुछ खास दिनों में अधिक होती है. कुछ पन्थ में उपवास के दिन भरपूर गर्मियों में रक्खे गये है, जब मनुष्य में पानी की खपत और सूर्य की तेजी स्वाभाविक रूप से अधिक होती है.

इसे लोग जो शारीरिक मेहनत का काम करते है, अयोग्य, अशक्त लोग जो भोजन के बिना नही रह सकते वह फलाहार ले सकते है विशेषकर अधिक पानी वाली सब्जियां और फलो को ग्रहण कर सकते है. सशक्त लोग यदि जल का ही प्रयोग करें तो पाचन तंत्र के साथ ही पूरा शरीर स्वस्थ रहता है. यह उसी प्रकार कार्य करता है जैसे किसी कारखाने को सप्ताह में एक दिन विश्राम देकर उसमे प्रयुक्त यंत्रो का अनुरक्षण किया जाता है. इससे यंत्रो का क्षमता का पुनर्जीवित हो जाता है.

वर्तमान में वैज्ञानिको ने यह शोध किया है कि कैंसरऔर कुछ रोगों की कोशिकाए अधिक भोजन ग्रहण करने से ही फैलती हैं, यदि १६ घंटे का उपवास रखा जाय तो हमारेतो आंतो में

जमा मल की सफाई होने लगती है, शरीर का सुरक्षा तन्त्र शरीर को स्वस्थ करने और शरीर में से टोक्सिंस को बाहर निकलने की प्रक्रिया प्रारम्भ कर देता है. यह शोध करोड़ो रूपये खर्च करके हो रहे है, जबके हमारे ऋषियों ने लाखो वर्ष पूर्व इसकी व्यवस्था बताई हुई है.

आधा भोजन कीजिये , दुगुना पानी पीव. तिगुनी मेहनत चौगुनी हंसी, वर्ष सवा सौ जीव..

पेट नर्म, पैर गर्म , सर को रखो ठंडा, इर भी डाक्टर घर में आये मरो उसको डंडा..

दही के विषय में चरक (अ.२७. २२४) रोचनम दीपनम वृश्यम स्नेहनम बल वर्धनम,पाकेम्लमउष्णम वतघ्नम मंगलम वृह्नम दधि.

छाछ या मट्ठे के तो दही से भी उत्तम गुण कहे गये. न तक्र सेवी व्यथते, कदाचित न तक्रदग्धा: प्रभवन्ति रोग:, यथा सुराणं अमृतं हिताय तथा नरणाम भुवि टकरा माहू:.

उपवास स्वयं के स्वास्थ्य के लिए तो अच्छा है, साथ ही राष्ट्रीय खाद्यान्न समस्या का निराकरण भी है. आजकल लोग पार्टियों में उल्टा सीधा भोजन बनवाते है , उसमे कुछ खाते है कुछ कूड़ेदान में फैक देते है. इसके अतिरिक्त शादी पार्टियों में धन का बेतहाशा व्यय किया जाता है. यदि सभी नागरिक इस विषय में सजगता के साथ चिंतन करे कि भोजन और धन का एक भी कण व्यर्थ न जाय, इसके लिए जहाँ इसकी वास्तविक आवश्यकता हो वही इसका सदुपयोग हो. विवाह, जन्मदिन आदि का कार्यकर्म साधारण सादगी से करने और शेष धन चरित्रार्थ व्यय करने का प्रारम्भ करे तो राष्ट्र की एक समस्या का निराकरण हो सकता है. किसी व्यक्ति को धन अथवा रोटी न देकर उसे जीविका कमाने का कौशल दिया जाय. वास्तविक दीन दुखियों की योजनाबद्ध सहायता ही राष्ट्र सेवा और ईश्वर साधना है.

14

गृहस्थ जीवन

ईशावास्यमिदं सर्वं यत्किंचित जगत्यांजगत,

तेन त्यक्तेन भुंजीथा मागृधकस्य स्विद्धनम I

भारतीय संस्कृति के वेदों से लिया गया यह श्लोक स्वयमेव पुरे विश्व का संविधान है. और विश्व के सभी पंथ इसको किसी न किसी रूप में स्वीकार करते है. इसका अर्थ है की जगत के कण कण में ईश्वर रूपी सत्ता का निवास है जो इसको संचालित करता है, हमें उस ईश्वर को चित्त में रखकर और उसके द्वारा प्रदत्त वस्तुओं को उसके बनाये चराचर जीव जन्तुओं का हिस्सा निकल कर ही उस वस्तु का उपयोग करना चाहिए, और अधिक संग्रह का लालच नहीं करना चाहिए क्योकि उससे कुछ श्रेष्ठ की प्राप्ति नहीं होती.

इसीलिए लिए गृहस्थ जीवन को तपोवन कहा गया क्योकि प्रत्येक गृहस्थी को सभी वस्तुओं को जो की देव, पितृ और ऋषियों के आशीर्वाद से प्राप्त होती है , उन देव पितृ एवं ऋषियों के हेतु अंश भाग निकल कर उस भाग को अतिथि, पशु, पक्षी अदि को बाँट कर स्वयम परिवार के साथ प्रसन्नतापूर्वक ग्रहण करना ही यज्ञ कहलाता है, ब्रह्माण्ड में व्याप्त पञ्च महाभूतों पृथ्वी, जल , अग्नि, वायु एवं आकाश की सुचिता शुद्धता रखते हुए उनका सम्मान करते हुए पर्यावरण को शुद्ध रखना हमारी विशेषता रही है,

समस्त जड़ चेतन में इश्वर का दर्शन हेतु ही मूर्ति पूजा को साधन बनाया गया है, सर्वे भवन्तु सुखिनः सर्वे सन्तु निरामय , सर्वे भद्राणि पश्यन्तु मा कस्चिद्दुखभागभवेत. से समस्त चराचर की मंगल कामना करने का व्यवहार रहा. और सबमे परमात्मा के दर्शन करने वाला आपसी द्वेष, इष्र्या, क्रोध झगड़ाअदि न कर प्रेम और सद्भावना की वृत्ति हमें प्राचीन काल में गुरुकुल और मध्य कल में सयुक्त परिवार में रहते हुए अपनी दादी बुआ आदिसे शिशुओं, किशोरों में स्थानांतरित हो जाती थी, इसी विषय पर अध्ययन करते हुए १८ फरवरी १८०२ ईस्वी को लन्दन की संसद में भाषण देते हुए लार्ड मैकाले ने कहा था की ," मै भारत को उत्तर से दक्षिण और पूर्व से पश्चिम तक का अध्ययन कर चूका हूँ . यहाँ की मानवीय संस्कृति, गुरुकुलो के कारण भारत धर्म, ज्ञान और अर्थ से संपन्न है, हम इस

पर राज तभी कर सकते है जब हम इनकी शिक्षा पद्धति, इनका औद्योगिक एवं आर्थिक तंत्र को अपने पाशविक गुलामी वाली शिक्षा पद्धति में नही बदल देते." इसके लिए उन्होंने कार्य किया. इसी कड़ी में हमारी इन सभी बातो का विदेशी आततायियो,आक्रमणकरियो ने मजाक उड़ाते हुए हमारी मानवीय संस्कृति को बदलने के लिए ही हमारे साहित्यों मंदिरों को लूटाऔर नष्ट किया. हमारे संयुक्त परिवार की अवधारणा को खत्म कर एकल परिवार किया, जिससे शिशुओ को दादी बुआ से मिलने वाला मानवीय ज्ञान नहीं मिला और कान्वेंट स्कूल में पार्षविक संस्कृति का ज्ञान उनको परोसा गया इसके लिए माता पिता ने पे-रेंट बनकर उन स्कूलो को बढ़ावा दिया अपनी पाशविक संस्कृति को स्थापित किया. जिसे हमारे युवाओ ने अति शीघ्र ग्रहण कर लिया और यह सत्य है की बाल एवं किशोर मन निर्मल होता है , एकल परिवार होने से पति पत्नी दौनो पाशविक संस्कृति के अनुसार धनार्जन में लग गए और अपनी भारतीय मानवीय संस्कृति का ज्ञान अपनी संतानों को नहीं दे पाए. जिसका परिणाम मानवता का ह्रास आर पाशविक संस्कृति का विकास हुआ, देश में बढ़ते भ्रस्टाचार, लूटमार, बलात्कार और व्यभिचार का अगर निष्पक्ष होकर देखा जाय तो मूल कारण यही निकलेगा. यदि मनुष्य स्वयं को मात्र एक दिन की जीवन जीने वाला मन ले, तो सम्पूर्ण तामसिकता का निर्मुल्ण हो जायेगा. कुछ समय के लिए सोचे की हमारा जीवन एक दिन मात्र है तो कैसा अनुभव होता है. यह विभिन्न हो सकता है परन्तु वही वास्तविक जीवन होगा और उसका आनंद अलग ही होगा, उसमे व्यर्थ के विचार समाप्त हो जायेंगे. मनुष्य विचार शून्य होकर केवल कर्म को पूरा करेगा यही गीता का भी उपदेश है की निष्काम कर्मयोग का पालन करो.

यदि वर्तमान में भी हम अपने अन्तर्मन में झांक कर देखे और निष्पक्ष होकर समस्या पर विचार करे तो मालूम होगा की हमें अपनी मूल मानवीय संस्कृति में जाकर वेदों का अध्ययन करे और वास्तविक वैदिक धर्म जिसमे विदेशियों की साजिश से जो अन्धविश्वास, जातिवाद , भेदभाव मिलावट की गयी है उसे हटा कर शुद्ध मानवीय संस्कृति का अनुपालन करे और दुसरो को भी प्रेरित करे, यही कार्य श्री राम, श्री कृष्ण, गुरु नानक, गुरु गोविन्द सिंह आदि आदि ने किया था.

पत्निम मनोरमाम् देहि मनोव्रतानुसार्निम,
तारणी दुर्गसंसारसागरस्यकुलोदभवां I

इस जग में परमात्मा ने प्रकृति तथा पुरुष के रूप में संसार को चलाने का निर्णय लिया और अपने शिव और शक्ति को पुरुष एवं स्त्री रूप में विश्व में स्थापित किया जो की इस जगत में अपनी लोक लीला करने के पश्चात पुनः परमात्मा में विलीन हो जाते है और यही क्रम युगों युगों से चल रहा है . उपरोक्त दुर्गा सप्तशती के कीलक मंत्र के श्लोक में पत्नी (पुरुष की शक्ति रूप)को पुरुष की सर्वांग उन्नति हेतु एवं इसलोक व परलोक में सफलता प्राप्त करने की द्योतक मन गया है और वास्तविकता भी यही है. आवश्यकता है तो बस परमात्मा में सच्ची आस्था और पूर्ण विश्वाश की.हजारो उदाहरन इस बात के मिलते है .

लेकिन जहाँ आस्था और विश्वास की कमी होती है और केवल अर्थ और अहंकार को वरीयता दी जाती है तो स्थिति विपरीत हो जाती है और यह परलोक दोनों ही व्यर्थ हो जाते है . यही सनातन संस्कृति की महत्ता है.

हमारी शास्त्रों में चार आश्रम वर्णित है, १. ब्रह्मचर्य, २. गृहस्थ, ३. वानप्रस्थ और ४. सन्यास.

ब्रह्मचर्य आश्रम में अपने शारीरिक एवं बौद्धिक योग्यता विकास के पश्चात उस योग्यता का परिवार, समाज एवं राष्ट्र के विकास में उपयोग करने हेतु गृहस्थ आश्रम में प्रवेश विवाह के माध्यम से होता है. इसी से पुरुष को उसकी पत्नी के रूप में स्त्री, उसकी शक्ति मिलती है जिसमे ७ वचनों का संविधान होता है , उन ७ वचनों में ही परिवार, समाज और राष्ट्र और परलोक के विकास का सूत्र निहित है. इसका पालन अनुसरण ही सफलता का प्रदायक है. घर में सुख सौभाग्य इसी पत्नी के कर्म और भाग्य से आता है क्योकि देव पितृ उसी के हाथो द्वारा /उसके साथ में रहकर जो पूजा-पाठ, दान-दक्षिणा किया जाता है वही प्रसन्नता पूर्वक वे ग्रहण करते हैं. इसीलिए हर धार्मिक अनुष्ठान में पत्नी का होना अति आवश्यक है. यह विस्तार से विवाह संस्कार के समय वर्णित होता है हमें अपने सभी संस्कारो के समय होने वाले वेद मंत्रो का अर्थ भी जानना चाहिए.

यह मेरा व्यक्तिगत अनुभव है की अपने जीवन काल एवं मृत्युपरांत भी जीवन से सम्बन्धित विषयों में समय समय पर पत्नी से मार्गदर्शन मिलता रहा है. ....

15

दशरथ

दशरथ

महाराज दशरथ सत्य ही यथा नाम तथा गुण है.

इस धरती पर जन्म लेने वाला प्रत्येक मनुष्य दशरथ ही होता है. हमारा देहरूपी रथ पंच तत्व और पञ्च इन्द्रिया के योग से बना है. किन्तु इसके साथ ही प्रत्येक मनुष्य के जीवन में राम रूपी ज्ञान, लक्ष्मण रूपी वैराग्य, भरत रूपी भक्ति और शत्रुहन रूपी साहस का आभाव रहता है. क्योंकि हम परमात्मा प्रदत्त इस शरीर रूपी दशरथ को भुला देते है. और अपनी इन्द्रियों को नियंत्रित करने के स्थान पर इन्द्रियों से नियंत्रित होने लगते है.

तीन रानियाँ

कौशल्या- अपने प्रत्येक कार्य को कुशलता से करना चाहती है, उनके जीवन में कौशल और युक्ति का विशेष महत्व है,

कैकेयी – कर्म की शक्ति में विश्वास रखती है और वह कर्मठ और

सुमित्रा – भक्ति को महत्व देती है और वह सबके प्रति मित्रता के भाव से रहती है और सबसे अधिक सहृदय है.

जैसा महाराज दशरथ ने तीनो के साथ संतुलन बना कर रखा वैसा ही संतुलन प्रत्येक मनुष्य अपने अंदर अवस्थित कुशलता अर्थात युक्ति, कर्मठता अर्थात शक्ति, मित्रता अर्थात भक्ति रूपी भाव से बनाकर रखे तो इस संसार के प्रत्येक देह में राम का अवतरण हो जायगा, और इस संसार की हर देह अयोध्या हो जायगी. अयोध्या का अर्थ है जहाँ युद्ध न होता हो अर्थात जिसे जीता न जा सकता हो.

16

पर्यावरण व भूतशुद्धि

त्वदीयाय कार्याय बद्धाकटीयम.....

धर्म का अविर्भाव इसलिए हुआ कि मानव अपने भीतर सुप्त देवत्व को अनुभव एवं उजागर कर सके, लेकिन पंथ और मजहबो से मानव के दिव्य भाव को जागृत करने में चुक तो हो ही गयी, अपितु उसके भीतर का मानवत्व भी नष्ट होने लगा. अब पन्थो की अलग अलग दुकाने खुल गयी और अपनी अपनी दुकान चलाने की व्यवस्था भर होने लगी. जबकि मूल उद्देश्य से भटक गये.

पर्यावरण एवं भूत शुद्धि

यदि हममानवीय प्रणाली की पूरी क्षमता का अनुभव करना चाहते हैं, अथवा विशाल ब्रह्मांडीय प्रणाली से एकाकार होना चाहते है तो हमे इन पञ्च तत्वों पर कुछ दक्षता पानी होगी.उस महारत के बिना हम न तो व्यक्ति विशेष होने का सुख पा सकेंगे न ही ब्रह्मांड के साथ एकाकार होने का अनुभव. मानवीय प्रणाली और ब्रह्मांडीय प्रणाली के मुख्य आधार है पञ्च महाभूत (पंच तत्व)-पृथ्वी, जल, अग्नि, वायु और आकाश. अपने शरीर में इन पञ्च तत्वों की शुद्धि करने और इनके अधिकतम निकट रहने से शरीर के भीतर की आन्तरिक उर्जा आवेशित हो जाती है. पृथ्वी के अधिकतम संपर्क में रहने हेतु भूमि पर सोना, साष्टांग प्रणाम करना, मृदा चिकित्सा और वृक्षों के पास बैठना यह हमारी परम्परा रही है. सूर्य के संपर्क हेतु सूर्य दर्शन, उषाकाल, सूर्य नमस्कार और सूर्य स्नान आदि. जल के सम्पर्क जल पान, नदी स्नान, जल चिकित्साऔर चन्द्र दर्शन आदि.

हमारे वंश वृक्ष

जिस समय देवी देवताओं को एक खास तरह से रचा गया था, ये सब चीजें बहुत अहमियत और मायने रखती थीं । जिंदगी की जबरदस्त जटिलताओं के प्रति हमारी गहरी समझ के अनुसार भारतीय संस्कृति को रचा गया था। लेकिन आज यह एक जबरदस्त घालमेल बन गई है। इसका कारण रहा है पूर्व १८०० सालों में इस देश पर बार बार हमले हुए. यहाँ की संस्कृति को नष्ट किया गया.

पुराने समय में जो भी मंदिर बनाए जाते थे, उनमें जीवन होता था। वे बड़े जीवंत होते थे, किसी दिखावटी गुड़िया जैसे नहीं, कि आप बस दर्शन और पूजा कर लें। वहां अलग-अलग क्षमता, किस्म, और गुणों वाली एक जीवंत शक्ति पैदा की जाती थी। लोग हर मंदिर में नहीं जाते थे। कुछ मंदिर सबकी सामान्य भलाई के लिए बने होते थे, जहां सभी लोग जाया करते थे। पर खास मकसद के लिए वे अपने कुल- देवता के मंदिर में ही जाते थे। यह आनुवंशिकी यानी जेनेटिक्स की उनकी गहरी समझ के बारे में बताता है।

आजकल यह संभव है कि किसी खुदाई में मिली सैकड़ो साल पहले मरे किसी मनुष्य की हड्डी को वैज्ञानिक, प्रयोगशाला में ले जा कर उसके डीएनए की जांच करें और फिर आपके डीएनए के साथ मेल कर के बता दें कि वे आपके परदादा की हड्डी है। यह किसी दस हजार साल पुरानी हड्डी के साथ भी किया जा सकता है। विज्ञान ने आपको इतनी जानकारी उपलब्ध करा दी है। इसी तरह हजारों साल तक लोगों ने अपने तरीके से अपने जेनेटिक चिह्नों को गोत्र और कुल के रूप में बनाए रखा। इन वंश-चिह्नों को कभी बिगड़ने नहीं दिया, कभी कोई मिलावट नहीं की– तकि उनकी संतान अच्छी होती रहे। इतना ही नहीं, कुछ इस तरह की खास ऊर्जा भी आप तैयार कर सकते हैं जो उन वंश-चिह्नों के सहारे पूरे कुल में फैल सके। आपके कुल में हरेक को मंदिर जाने की जरूरत नहीं, आप अकेले वहां जा कर वह खास पूजा-विधि पूरी करें, हर किसी को उसका लाभ मिलेगा, क्योंकि आपके कुल के सारे लोग आपस में जुड़े हुए हैं। अब मेडिकल साइंस भी इस दिशा में आगे बढ़ रहा है। वैज्ञानिक ऐसा भी कुछ ढूंढ़ सकते हैं, जो आपके डीएनए के लिए काम करेगा और उससे उन सबको लाभ होगा जिनमे वह डीएनए है।

उस समय के लोगों ने यह बात अच्छी तरह से समझ ली थी और वे पूरी गंभीरता से आनुवंशिक या वंश से जुड़े चिह्नों को वंशवृक्षों में बनाए रखते थे। उस खास डीएनए और उस वंश से जुड़े रुझान के लिए खास ऊर्जा-स्रोत तैयार किया जाता था। मंदिर जाने पर लोग ऊपर बैठे भगवान को अपने कुल का बयान नहीं सुनाते थे, वे बस अपनी उपस्थिति दर्ज करते थे, "यह मैं हूं, इस वंश का हूं, मेरा गोत्र यह है, मेरा नक्षत्र यह है, यह मेरा कुल है।" दरअसल उनकी बात का मतलब होता था, "यह मेरा डीएनए है, मेरे लिए कुछ कीजिए।" अपनी बात रखने कई यह विधि वैज्ञानिक है, यह जीवन की बहुत गहरी और अच्छी समझ है।

17

गायत्री महिमा

गायत्री मन्त्र

गायत्री मन्त्र में २४ अक्षर है और उसमे प्रत्येक के देवता क्रमशः निम्न प्रकार है : -

- श्री गणेश,
- श्री नरसिंह,
- श्री विष्णु,
- श्री शिव,
- श्री कृष्ण,
- श्री राधा,
- श्री लक्ष्मी,
- श्री अग्नि,
- श्री इंद्र,
- श्री सरस्वती,
- श्री दुर्गा,
- श्री हनुमान,
- श्री पृथ्वी,
- श्री सूर्य,
- श्री राम,
- श्री सीता,
- श्री चन्द्रमा,
- श्री यम,
- श्री ब्रह्मा,
- श्री वरुण,

- श्री नारायण,
- श्री हयग्रीव,
- श्री हंस और
- श्री तुलसी.

भारतीय संस्कृति में नारी की महत्ता

भारतीय संस्कृति में नारी को विशिस्ट स्थान दिया गया है, स्त्रियों को बहुधा देवी सम्बोधन से पुकारा गया है, यहाँ तक कि देवताओ को सम्बोधन में भी पहले पत्नी और बाद में पति का नाम लेते है , जैसे सीता राम, राधेश्याम, गौरीशंकर, लक्ष्मी नारायण आदि.

वेदों में नारी के सम्मान में विभिन्न उल्लेख हैं :-

" हे स्त्री ! तुम कुलवती घृत आदि पौष्टिक पदार्थो का उचित उपयोग करने वाली, तेजिस्विनी, बुद्धिमती, सत्कर्म करने वाली होकर सुख पूर्वक रहो. तुम एसी गुणवती और विदुषी बनो कि रूद्र और वासु भी तुम्हारी प्रशंसा करें. सौभाग्य की प्राप्ति के लिए इन वेद मन्त्रो का भली प्रकार बारबार पान करो. विद्वान तुम्हे शिक्षा देकर इस प्रकार की उच्च स्थिति पर प्रतिष्ठित कराएं" -यजुर्वेद १४/२

" श्रेष्ठ स्त्रियों को वेद का अध्ययन तथा वैदिक कर्मकांड करने का वैसा ही अधिकार है, जैसा कि उर्वशी, यमी, शची आदि ऋषिकाओ को प्राप्त है." व्योम संहिता

" जिस प्रकार स्त्रियों को वेद के कर्मो का अधिकार है, वैसे ही ब्रह्म विद्या प्राप्त करने का भी अधिकार है."

यमस्मृति

" जैसे कात्यायिनी, मैत्रेयी, गार्गी आदि ब्रह्म विद्या (वेद और ईश्वर) को जानने वाली थी, वैसे ही सब स्त्रियों को ब्रह्म ज्ञान प्राप्त करना चाहिए." अस्य वामीय भाष्यम

" हे समस्त नारियो! तुम्हारे लिए ये मन्त्र समान रूप से दिए गये है तथा तुम्हारा परस्पर विचार भी समान रूप से हो . तुम्हारी सभाएं सबके लिए समान रूप से खुली हुई हो. तुम्हारा मन और चित्त समान रूप से मिला हुआ हो. मै तुम्हे समान रूप से मन्त्रो का उपदेश करता हूँ और समान रूप से ग्रहण करने योग्य पदार्थ देता हूँ."

ऋग्वेद १०/१९१/3

" यत्र नार्यस्ते पूज्यन्ते , तत्र रमन्ते देवता."

इश्वर की हम नारी के रूप में, दुर्गा गायत्री के रूप में उपासना करे और फिर नारी जाती को ही घृणित, पतित, अस्प्रश्या और अनधिकारिणी ठहराए, यह कहा तक उचित है ? इस पर हमें स्वयम ही विचार करना चाहिए . वेद ज्ञान सबके लिए है नर नारी सभी के लिए है. ईश्वर अपनी संतान के लिए जो भी सन्देश देता है, उसे सुनने पर प्रतिबन्ध लगाना, ईश्वर के प्रति द्रोह करना है.

भारत पर निरंतर अक्रान्ताओ के हमले होने के कारण उन्होंने हमारे ग्रंथो को जलाकर संस्कृति के साथ छेड़छाड़ करके भारतीयों को पथ भ्रष्ट किया है . भारतीय संस्कृति में किसी भी प्राणी को अस्पर्शय नही माना. मनु स्मृति के अनुसार वर्ण व्यवस्तता में कार्यो के अनुसार चार- ब्राह्मण, क्षत्रिय, वैश्य और शुद्ध(शुद्र) आदि विभाजित थे जो जन्म के आधार पर नही केवल कर्म के आधार पर थे. कोई भी वर्ण का व्यक्ति किसी दुसरे वर्ण के कार्य करके वर्ण परिवर्तित कर सकता था, जैसे शुद्र भी अपने कर्मो को परिवर्तित करके ब्राह्मण बन सकता था. आज सम्विधान के अनुसार वर्ण न होकर जातिया है , जो कर्म के अनुसार नही बल्कि जन्म के अनुसार है और इसके वर्ण की तरह परिवर्तन का भी विकल्प नहीं है .

अतः आज यह बहुत ही आवश्यक है कि हम सभी भारतीय पुनः वेदों की ओर लोटे उन्हें अध्ययन करें और उनका अनुसरण भी करके यज्ञीय जीवन का निर्वाह करे और भारत पुनः विश्व गुरु कहलाये.

संस्कार.

योगाभ्यास, ईश्वर उपासना, त्प्स्चार्य, इन्द्रिय निग्रह, संयम, सदाचार, व्रत उपवास, तीर्थ यात्रा, देव दर्शन, दान पुन्य, कथा-प्रवचन, यज्ञ-अनुष्ठान, निर्मल, उदार, सद्गुणी, परमार्थ परायण.

सुरक्षा एवं प्रखरता.

स्वाध्याय, उपासना, कृषि , गोपालन.

अन्तः कर्ण में धर्मभावना,

चिकित्सा

प्राकृतिक, आयुर्वैदिक, होमोपैथी, तिब्बी और एलोपथी.

चित्रगुप्त

भारतीय संस्कृति के ग्रन्थो में ऋषियों मुनियों ने अपने अथक प्रयास एवं निरंतर अनुसन्धान करके बहुत महत्वपूर्ण विषयों पर अपनी व्याख्याए दी. जिनके अनुसार मनुष्य अपने कर्मो , भावो को अच्छा करके जनहित के कार्य करे. हमारे द्वारा किये गये कर्मो को मरने के बाद यमलोक में चित्रगुप्त द्वारा अभिलेखों में पुन्य अथवा पाप का हिसाब देखकर स्वर्ग या नरक का निर्णय लिया जायगा. अब विचार यह आता है कि चित्रगुप्त एक व्यक्ति है, और वह असंख्य जिव जन्तुओ के कर्मो का लेखा जोखा कैसे रखते होंगे, कहीं यह पंडितो के बनाये हुए ढोंग तो नहीं. क्योकि एक व्यक्ति के द्वारा तो यह कार्य करना असम्भव है. लेकिन हमारे सद्ग्रंथो में दिया है;

नयन्ति नरकं नूनं मात्मानो मनवान हतः . दिवं लोकं च ते दुष्टा इत्यूचुर्मन्त्र वेदिनः ..

• पंचाध्यायी

अर्थात हनन की हुई आत्मा नर्क लोकको ले जाती है,और संतुष्ट की हुई आत्मा स्वर्ग लोक प्रदान करती है. गरुड़ पूराण में इस को और स्पष्ट किया है कि यमलोक में चित्रगुप्त नामक देव हर जीव के कर्मों का अभिलेख रखते है. इस कथानक को कल्पना मन लेने पर चित्रगुप्त का अस्तित्व समाप्त हो जाता है.

आधुनिक शोधो ने उपरोक्त अलंकारिक कथानक में से बड़ी ही महत्वपूर्ण सच्चाई को खोज निकला है. डॉक्टर फ्रायड ने मनुष्य की मानसिक रचना का वर्णन करते हुए बताया कि जो भले बुरे कर्म ज्ञानवान प्राणियों द्वार किये जाते हैं, उनका सूक्ष्म चित्र अंत:चेतना में होता रहता है.ऑडियो विडिओ रिकार्डिंग की जो मैग्नेटिक टेप में सुरक्षित हो जाता है, और उसे उपयुक्त युक्ति द्वारा पुनः दिखाया वा सुनाया जा सकता है. ठीक उसी प्रकार भले और बुरे जो भी कर्म किये जाते हैं,उनकी सूक्ष्म रेखाए मनुष्यों के अन्तःचेतना के उपर अंकित होती रहती है. और मन के भीतरी कोने में सुरक्षित होती रहती है. और गुप्त मन में जमा रेखाए किसी उपयक्त अवसर का अघात लगने पर ही प्रकट होती है. भारतीय विद्वान कर्म रेखा के बारे में प्राचीन काल से जानकारी रखते आरहे हैं. " कोई लाख करे चतुराई , कर्म का रेख मिटे न रे भाई." आदि अनेक युक्तियाँ हिंदी और संस्कृत साहित्यों में उपलब्ध हैं. जिनसे प्रकट होता है कि कर्मो की कई रेखाए होती है जो अपना फल दिए बिना समाप्त नही होती.

डॉक्टर विवेंस ने मस्तिष्क में भरे हुए भूरा चर्बी जैसा पदार्थ (grey matter)सूक्ष्म दर्शक यंत्रो की सहायता से खोजने पर वहां के एक एक परमाणुमें अगणित रेखाए पाई हैं, यह रेखाए किस प्रकार बनती हैं, इसका कोई शारीरिक प्रत्यक्ष कारण उन्हें नहीं मिला. तब उन्होंने अनेक मस्तिष्को के परमानुओ का परिक्षण करके यह निष्कर्ष निकाला की अक्रिय, आलसी एवं विचार शून्य प्राणियों में यह रेखाए बहुत ही कम बनतीहैं. परन्तु कर्मनिष्ठ और विद्वानों में इनकी संख्याभुत बड़ी होती है. अतएव यह रेखाये शारीरिक और मानसिक कार्यो को संक्षिप्त और सूक्ष्म रूप से लिपिबद्ध करने वाली प्रमाणित हुई. यह पौराणिक चित्रगुप्त की वास्तविकता को सिद्ध कर देता है. चित्रगुप्त शब्द से इसी प्रकार की ध्वनी निकलती है. गुप्त चित्र, गुप्त मन, अन्तःचेतना, सूक्ष्म मन, पिछला दिमाग अवचेतन मन और भीतरी चित इन शब्दों के भावार्थ को ही चित्रगुप्त शब्द प्रकट करता हुआ दीखता है. अतः हर प्राणी का चित्र गुप्त उसीमे विद्यमान है. इससे सब कुछ सम्भव प्रतीत होता है.

तीन दुःख और उनका निवारण

आकस्मिक सुख दुःख हर व्यक्ति के जीवन में आया करते है. इनसे सुर मुनि देव दानव कोई नहीं बचता. भगवान राम तक इस कर्म गति से छुट न सके. सूरदास ने ठीक कहा;

कर्मगति टारे नही टरे.

गुरु वशिष्ठ पंडित बड़ ज्ञानी, रची पची लगन धरे.

पिता मरण और हरन सिया को वन में विपत्ति परे..

वशिष्ठ जैसे गुरु के होते हुए भी राम कर्म गति को टाल नही सके, उन्हें भी पिता का मरण, सिया का हरण एवं वन की विपत्तियाँ सहनी पड़ी. यह विपत्तियाँ कहीं से अकस्मात टूट

पडती हैं, य विधाता नाराज होकर दुःख दंड देता है, एसा समझना ठीक न होगा. पंचाध्यायी का निश्चित मत है की सब प्रकार के दुःख अपने बुलाने से आते हैं. राम चरित मानस का मत भी इस सम्बन्ध में यही है.

काहू न कोऊ दुःख सुख कर दाता. निज निज कर्म भोग सब भ्राता..

दूसरा कोई भी प्राणी अथवा पदार्थ किसी को दुःख देने की शक्ति नही रखता. सब लोग अपने ही कर्मो का फल भोगते है. और उसी भोग से रोते चिल्लाते रहते हैं. जीव के पीछे से एसी कठोर व्यवस्था बंधी हुई है, जो कर्मो का फल तैयार करती रहती है. मछली जल में तैरती है, उसकी पूंछ पानी को काटती हुई पीछे पीछे एक रेखा सी बनती चलती है.

" नानक दुखिया सब संसार, वो सुखिया जित नाम आधार. "

उपरोक्त पंक्तियों से ज्ञात होता है की इस ससार में सभी दुखी है, लेकिन यदि हम दुःख के कारणों को खोजते है तो हमे ज्ञात होता है, कि हर सुख अथवा दुःख के पीछे हमारे कर्म ही है. कर्म से ही भाग्य बनता है.

कर्म भी मुख्यतः तीन प्रकार के होते हैं-

१. संचित कर्म :- दिन भर के कामो को यदि देखा जाय, तो ये तीन श्रेणियों में बाँट देने पड़ेंगे. कुछ तो ऐसे होते हैं, जो बिना जानकारी में होते हैं, जो कार्य विवशता में, दबाये जाने पर, आशय अवस्था में करने, जैसे अधर्मी लोगो का संग , या सत्संग में रहने से उनका प्रभाव किसी न किसी अंश में गुप्त रूप से अपने ऊपर पद जाता है. चूँकि इस बात को हमने इच्छा पूर्वक स्वीकार नही किया तो इसका प्रभव तो होगा किन्तु निर्बल संस्कार का होकर हमारे मन के किसी कोने में पड़ा रहेगा. ऐसे कर्म संचित कर्म कहे जाते हैं.

२. प्रारबध : - यह मानसिक कर्म होते है, जो स्वेच्छापूर्वक जानबुझकर, तीव्र भावना से प्रेरित होकर किये जाते है. इन कार्यो को विशेष मनोयोग के साथ किया जाता है, इसलिए इनका संस्कार भी प्रबल होता है, हत्या, खून, डकैती, विश्वासघात, चौरी, व्यभिचार जैसे प्रचंड क्रुकर्मो की प्रतिक्रिया अन्तःकरण में बहुत ही तीव्र होती है.उस विजातीय द्रव्य को बाहर निकाल देने के लिए अद्यात्मिक पवित्रता निरंतर व्यग्र बनी रहती है, और एक न एक दिन उसको निकाल कर बाहर कर ही देती है.

३. क्रियमाण : - यह कर्म शारीरिक हैं, इनका फल प्रायः साथ साथ ही मिलता रहता है. शरीर जड तत्वों का बना हुआ है. भौतिक तत्व स्थूलता प्रदान होते है, उनमे तुरंत ही प्रतिक्रिया मिलती है. अग्नि के छूटे ही हाथ जल जाता है, नशा करते ही उन्माद होना, विष पीते ही मृत्यु होना, नियम विरुद्ध आहार विहार करने पर रोगों की पीड़ा सहना, निर्बलता का शीघ्रता से आक्रमण और निदान पर उसकी शुद्धि अविलम्ब हो जाती है. मजदुर परिश्रम करता है उसे परिश्रमिक मिल जाता है. जिन शारीरिक कर्मो के पिछे मानसिक गुत्थी नही होती केवल शरीर द्वारा शरीर के लिए किये जाते है, क्रियमाण कर्म कहलाते हैं.

अतः संचित कर्मो का फल मिलना संदिग्ध है यदि अवसर मिलता है तो वे फलवान होते हैं, नही तो विरोधी परिस्थितियों से टकराकर नष्ट हो जाते हैं. प्रारबध कर्मो का फल मिलना

निश्चित है, परन्तु उसके अनुकूल परिस्थिति प्राप्त होने में कुछ समय लग जाता है. समय की कोई सीमा नही है. किन्तु प्रारब्ध फल होते वहीं है जो अचानक घटित हो और मनुष्य का कुछ वश न चले.पुरुषार्थ की अवहेलना से जो असफलता मिलती है, उसे प्रारब्ध फल नही कहा जा सकता. क्रियमाण तो प्रत्यक्ष है ही निश्चित फल वाले शारीरिक कर्म क्रियमाण हुआ करते है. इनके फल मिलने में अधिक समय नही लगता.

कष्टों का स्वरूप अप्रिय है, उनका तात्कालिक अनुभव कटु होता है, अंततः वे जीव के लिए कल्याणकारी और आनंददायक सिद्ध होते है. उनसे दुर्गुणों के शोधन और सद्गुणों की वृद्धि में असाधारन सहायता मिलती है.आनंदस्वरूप आत्मप्रकाशमय जीवन और सुखमय संसार में कष्टों का थोडा स्वाद परिवर्तन इसीलिए लगाया गया है, की प्रगति में बाधा न पड़ने पाए. घड़ी में चाबी भर देने से उसकी चल फिर ठीक हो जाती है. थोडा सा कष्ट भी जीवन की सुख वृद्धि के लिए आवश्यक है. संसार में जो कष्ट है वह एसा ही है किन्तु स्मरण रहे जितना भी थोडा बहुत सुख दुःख है, वह हमारे अन्याय का, अधर्म का, अनर्थ का ही परिणाम है. आत्मा दुःख रूप नही है, जीवन दुखमय नही है और न संसार में ही दुःख है.

दुःख के मुख्यतः तीन कारण है १. अज्ञान, २. अभाव, और ३. अशक्ति. अर्थात ज्ञान के आभाव में मनुष्य दुखी होता है, यदि ज्ञान मिल जाय तो दुःख का निवारण हो जाता है, ज्ञान की देवी माँ सरस्वती हैं, आभाव को समाप्ति के लिए धन चाहिए, धन की देवी माँ लक्ष्मी हैं, इसी प्रकार शक्ति की देव माँ काली है, तीनो को एक साथ पाने के लिए त्रिपदा माँ गायत्री की उपासना, आराधना और साधना से तीनो प्रकार के दुखो का निराकरण होजाता है.

अतः मनुष्य को गायत्री जप करना चाहिए, गायत्री जप एकाग्रचित से करने पर मन के अंदर की नकारात्मक कषाय कल्मषो का निकास होकर शुद्ध, सात्विक दिव्य देवत्व का जागरण होता है, जिससे मनुष्य में दिव्यता, प्रखरता, बुद्धिमता, सात्विकता, तेजस्विता, वीरव्रत आदि जागृत हो जाते है और वह अपनी सभी समस्याओ को हल कर लेता है.

18
सफलता

धनवान

" निर्धनता से मनुष्य को लाज आती है, लज्जा से पराक्रम नष्ट हो जाता है, पराक्रम नष्ट हो जाने पर अपमान होता है, अपमान से दुःख होता है, दुःख से शोक होता है, शोक से बुद्धि नष्ट हो जाती है, बुद्धि के न रहने से मनुष्य का नाश हो जाता है. सच है की निर्धनता सब विप्पत्तियो की जड़ है."

एक महापुरुष

दरिद्रता से मनुष्य, अपने को मुक्त, होने में असहाय अनुभव करता है. वह अपने दुर्भाग्य पर रोता है. इस दुखद परिस्थिति के लिए भाग्य को, इश्वर को य अन्य किसी व्यक्ति को दोषी ठहरता है. वह सोचता है कि ईश्वरऔर उसका संसार कितना अन्यायी है, जो किसी को विपुल सम्पदा देता है और किसी को दरिद्रता में आंसू बहाने के लिए छोड़ देता है.

यदि वह ऐसा सोचता है तो निसंदेह बड़ी भूल करता है. दुसरो को दोष देना और कायरो की तरह रोना-घबराना –ये बाते प्रमाणित करती है, किउसको दरिद्रता में ही पड़े रहना चाहिए और जितना वह दुःख भोग रहा है उससे अधिक दुःख भोगना चाहिए. आत्मविश्वास करना, अपने उपर भरोसा रखना, बढ़ने के लिए प्रयत्न करना—वे गुण हैं जो हर उन्नतिशील व्यक्ति में होते है. चिंता करना, दुखी रहना, दुसरो को दोष देना, यह एक प्रकार का आत्मसंहार है; क्या कोई भी आत्महत्यारा दुःख के अंधकार को हटा कर सुख का प्रकाश प्राप्त करने में अब तक समर्थ हुआ है ?

उठो दरिद्रता के विचारो को हटकर एक तरफ फेक दो. मत सोचो कि हम गरीब रहने के लिए पैदा हुए हैं. अपने दिल को अमीर बनाओ, फिर बाहर की परिस्थितिया बदलने में भी देर न लगेगी. विश्वास करो कि हमारे पास जितनी कुछ योग्यता है, उसी का अच्छे से अच्छे उपयोग कर सकते हैं. छोटे कामो की उपेक्षा करके बड़े कम प्राप्त नही किये जा सकते, इसलिए यदि उत्तम स्थिति चाहते हो तो वर्तमान स्थिति का सबसे उपयोग करके साबित करदो की हम बड़ी संपदा के अधिकारी हैं.

आप एक छोटी झोपड़ी में रहते हैं और चाहते हैं कोई बढ़िया वाला मकान प्राप्त हो. आपकी इच्छा को ईश्वर अवश्य पूर्ण करेंगे, किन्तु तब जब आप यह साबित करदें की वैसा मकान प्राप्त करने के अधिकारी हैं. अपनी आज की झोपड़ी को इतनी साफ सुथरी, सुंदर, चिताकर्षक बनाओ जितना बना सकते हो. संसार में सजावट का इतना अनमोल सामान भरा पड़ा है जिसकी कोई सीमा नही है और गरीब अमीर सबको मुफ्त मिलता है. सुन्दरता की तलाश करो, अपने दृष्टिकोण को सौन्दर्यमय बनाओ, असंख्य साधन अपने आप सामने आकर खड़े हो जायंगे, जो उस झोपड़ी को बढ़िया महल सा सुंदर बना सकते हैं.पहले अपनी मनोवृति को बढ़िया बनाओ, तो मकान भी तुम्हे बढ़िया मिल जायेगा.

दरिद्रता एक दंड है जो प्रकट करती है कि यह मनुष्य अपने कर्तव्यों की उपेक्षा करने एवं फूहड़पन की आदतों से घिरा हुआ है. आत्मविश्वास द्वारा समृद्धि प्राप्त करने के स्थान पर जो हीन मनोवृति स्वीकार करके दीनता लेना पसंद करता है, ईश्वर उसे वही वस्तु दे देते हैं. निस्संदेह दरिद्रता का कारण दुर्बुद्धि है;

- आलस्य में समय गवाना,
- निराशा में पड़े रहना,
- अपना स्वभाव अप्रिय बना लेना,
- कम से जी चुराना,
- छोटा काम करने में बेइज्जती समझना और
- स्थिति से अधिक खर्च करना, आदि यहीं वे दुर्गुण है जो कुबेर को भी दरिद्र बना सकते हैं.

आत्मा ऐश्वर्यशाली है, उसके साथ दीनता का भला क्या सम्बन्ध हो सकता है ? दयामय परमात्मा की कदापि एसी इच्छा नही हो सकती कि उसका पुत्र दीनता और दरिद्रता में जीवन यापन करे. मनुष्य को रोटी कपडे की चिंता में ही उलझे रहने के लिए नही, वरन किसी महान उद्देशय के लिए संसार में भेजा गया है.

दरिद्र स्वयं इतना घटक नही, जितने उसके विचार. हम तुच्छ है, हमे तो गरीब रहना है, हम क्या कर सकते है, हमारा भाग्य ही एसा है, इस प्रकार के विचार रखना मनो अपने आपको दरिद्रता के बंधन में आबद्ध रखना है. विचारो में एक बड़ी भरी चुम्बकीय शक्ति भरी हुई है, मन में रहने वाली बात अपने आकर्षण द्वारा अनंत आकाश में से ऐसे तत्वों को अपनी ओर आकर्षित करती है, जो उसको बल देते हैं. देखा गया है कि भय की कल्पना करने वालो के समक्ष वह भय साक्षात् आकर खड़ा हो जाता है. प्रकृति का भंडार हमारे लिए खुला हुआ है, जो जिस वास्तु को चाहता है, अपनी इच्छानुसार चाहे जितनी ले सकता है.

" धनवान बनने का मूल तत्व यही है कि अपनी योग्यता बढाइये, परिश्रम कीजिये, मितव्ययी बनिए और ईमानदारी को दृढ़ता के साथ पकड़े रहिये."

शास्त्र कहता है, " उद्योगिनम्पुरुषसिन्हमुपैती लक्ष्मी:." लक्ष्मी उद्योगी सिंह पुरुषो को प्राप्त होती है. लक्ष्मी उन्हें ही प्राप्त होती है, जो उसके पात्र है. धनी वे बन सकते है जो साहसी, परिश्रमी, उद्योगी और विशाल हृदय हैं. सुंदर भविष्य की आशा करना एक बड़ा ही उत्तम सदगुण है, जिसके पास पारस मौजूद है वह लोहे जैसी परिस्थितियों को सोने में बदल सकता है. यदि आप अस्वस्थ हैं, निर्धन हैं, विपत्तिग्रस्त हैं तो कुछ भी चिंता मत कीजिये. यदि अप्कोअपने सुनहरी भविष्य की आशा है, परमात्मा की दयालुता और आत्मा की योग्यता पर विश्वास है, तो निश्चय ही सब बुरी परिस्थितियांभुत शीघ्र बदल जाएँगी. वैसा ही सुंदर भविष्य प्राप्त होगा जैसा आप चाहते है. आपको दरिद्र बनाने वाले दो शत्रु है—अनुत्साह और संदेह. यदि धनी बनना है तो पहले अपने मन को धनी बनाइए. धनवान होने के सुख स्वप्न देखिये.

ईश्वर उनकी सहायता करता है जो स्वयं अपनी सहायता करते हैं. इस कथन के पीछे सृष्टि के आरम्भ से लेकर अब तक के समय का मनुष्य जाति का गहरा अनुभव है. संसार में अनेक व्यक्तियों ने लघुता में से उठकर अपने अपने उद्योग द्वारा महत्ता प्राप्त की है. तमिल भाषा के अमर काव्य ' चिक्कुरल' के रचयिता ऋषि तिरुवुल्लुर परिया नामक की शुद्र वर्ण में पैदा हुए थे .संत कबीर जुलाहे, रैदास, नामदेव, कृष्णदास शुद्र वर्ण थे.संसार के अद्वितीय कूटनीतिज्ञ महापुरुष बड़ी गरीबी का जीवन व्यतीत करते थे. इसके देश विदेश के अनेको उदाहरण है. आदिकवि वाल्मीकि, महाकवि कालिदास, सूरदास, तुलसीदास, चैतन्य महाप्रभु, विदेशो के शेक्सपियर, नेपोलियन, सर अर्कनाइट, वेन जानसन, अन्द्र्युस जानसन, स्तिफिन्स्न्स आदि आदि.

सफलता के चार कदम .

उत्साह सम्पन्नम, अदीर्घसूत्रं क्रियाविद्येगं व्यस्नेश्वक्तं .

शूरम कृतग्यम दृढो सुह्रिदयम च सिद्धिं स्वयं यति निवास हेतु.

उर्साही, अदीर्घसूत्री, क्रिया की विधि को जानने वाला, व्यसनों से दूर रहने वाला,शूर, कृतज्ञ स्थिर मित्रता वाले मनुष्य को सफलताये सिद्धियाँ स्वयं ढूढने तथा लगती हैं. ये सत गुण जिस विद्यार्थी के जीवन में है, जिस मनुष्य के जीवन में हैं, आज नही तो कल सफलता उसके चरण चूमती है.

सफलता प्राप्त करने के लिए चार पद है : -

- सपने : - सफलता का विषय, हमे किस कार्य में सफल होना है ? हम क्या प्राप्त करना कहते है ? इसका निश्चय सर्वप्रथम और स्वयम करना होता है. यह वास्तविक होना आवश्यक है.

- लक्ष्य : -सपना किसी तिथि को पूरा करना चाहते है, इसका निश्चय होने पर यह लक्ष्य बन जाता है. लक्ष्य को सामने साकार रूप में रखने के लिए उसक लिखकर / उसका चित्र लगाकर सामने रखना ताकि वह जब दिखाई दे तो उसे प्राप्त करने की प्रेरणा बलवती हो.

- योजना बनाना : - लक्ष्य प्राप्त करने की योजना बनाने के लिए इसमें किसी अनुभवी व्यक्ति की सहायता ले सकते हैं.विभिन्न लक्ष्यों की योजना उनके प्रभाव, प्रकृति आदि के अनुसार विभिन्न बनती है, किन्तु सभी में समान बात है उनको दैनिक, साप्ताहिक, पाक्षिक, मासिक, त्रमसिक, अर्धवार्षिक और वार्षिक आवश्यकतानुसार रूप रेखा तैयार करना.

- क्रियाशीलता :- योजना को कार्यान्वित करना , तथा निर्धारित प्रारूप के अनुसार निर्देशों का अनुपालन, एवं निरीक्षण करना, यदि कोई बाधा आ रही हो तो उसका यथासंभव निराकरण करना.

19

जीवनशैली

भारतीय जीवन शैली एवं पाश्चात्य जीवन शैली

- भारतीय जीवन शैली अध्यात्म प्रधान मानवीय जीवन शैली संस्कृति प्रधान है जबकि पाश्चात्य जीवन शैली पाशविक जीवन शैली सम्पदा प्रधान है भौतिकवाद को प्रश्रय देती है.
- भारतीय जीवन शैली में संयम और अनुशासन को महत्व दिया जाता है, पाश्चात्य जीवन शैली में उच्छृन्खलता हावी होती है.
- भारतीय जीवन शैली में त्याग तपस्या का महत्व होताहै, पाश्चात्य जीवन शैली में दुसरो का हक छीनने और कब्जा करने में विश्वास होता है.
- भारतीय जीवन शैली में सूर्योदय को महत्व दिया जाता है, पाश्चात्य जीवन शैली में रात्रि का अधिक महत्व है.
- भारतीय संस्कृति में जीवन शैली को संपत्ति से ज्यादा महत्व देते हैं, पाश्चात्य जीवन शैली में संपत्ति ही सबकुछ है.
- भारतीय जीवन शैली में प्राकृतिक संसाधनों का सदुपयोग किया जाता है, पाश्चात्य जीवन शैली में प्राकृतिक साधनों का दोहन होता है.
- भारतीय जीवन शैली गुरुकुल को प्रोत्साहन देती है, पाश्चात्य जीवन शैली में कान्वेंट ही सबकुछ होता है.
- भारतीय जीवन शैली में मानवता के कल्याण लिए ही कार्य किया जाता है, पाश्चत्य जीवन शैली में मानवीय मूल्यों को तक पर रख व्यापारिक सोच रखी जाती है.
- भारतीय जीवन शैली योग और स्वास्थ्य सिखाती है अनुशासन में रहकर अच्छा स्वास्थ्य रखने का लक्ष्य होता है, पाश्चात्य जीवन शैली में मनमर्जी का खानपान करके रोगी होने व उनके उपचार पर काम होता है.

- भारतीय जीवन शैली ग्रामीण प्रधानता वाली होती है, पाश्चात्य जीवन शैली महानगरीय प्स्वरूप में होती है।

- भारतीय ऋषियों ने संसाधन सुविधा कम होने पर भी लोक कल्याण के लिए कार्य किये और उनको सभी के उपयोग हेतु ग्रन्थो में लिख दिया, १७ वी शताब्दी में जर्मनी के मैक्स मुलर ने ५० विद्यार्थियों की टीम भारत भेजी, जिन्होंने यहाँ के विश्वविद्यालयों में अध्ययन करने के पश्चात् अपने पाश्चात्य देशो में जाकर ऋषियों के किये गये कार्य को ही रिसर्च करके उसे पेटेंट करा लिया।

- भारतीय जीवन शैली में संयुक्त परिवार होते है, यहाँ के बच्चो का लालन पालन घर के सदस्यों के बीच अपनी दादी, बुआ, ताई, चाची से अपने संस्कार सीख कर होता है, विद्यालय से शिक्षा लेकर गुण और संस्कार की विद्या वह घर से पता है. श्री राम, श्री कृष्ण, श्री बुद्ध, श्री गुरु नानक, गुरु गोविन्द सिंह, श्री रैदास, श्री लाल बहादुर शास्त्री आदि भारतीय संस्कृति की देन हैं. जबकि पाश्चात्य जीवन शैली में एकल परिवार होते है पतिपत्नी दौनो कार्य रत होते हैं, वहां धन की बहुतायत होती है, इसलिए बच्चो का पालन पोषण सेवको के द्वार किया जाता है जो व्यवसायिक दृष्टि से होता है जो संस्कार बच्चे को मिलना चाहिए वह नहीं मिल पाता वह केवल अकेलापन और धन का अहंकार करना सीख जाता है.विदेशी आक्रान्ता अलाउद्दीन खिलजी, तैमुर लंग, औरंगजेब, जनरल डायर आदि पाश्चात्य जीवन शैली की देन है।

स्वाध्याय

स्वयं का अध्ययन करना, स्वयं को जानना, मै कौन हूँ, कहाँ से आया हूँ, यहाँ आने का मेरा क्या उद्देश्य है. क्या मै यह शरीर हूँ, आदि आदि विभिन्न प्रकार के प्रश्न है. जीवन को जानने से पहले अपने को जानने की कला महर्षि पतंजली ने अष्टांग योग में बताई. उसके नियम के स्वाध्याय के विषय में थोड़ा विचार करले.

स्वाध्याय स्वयं अध्ययन करना, सकारात्मक पुस्तके जैसे वेद, पुराण, उपनिषद, सांख्य और शास्त्र आदि जीवन को जानने के लिए अच्छी पुस्तके है. श्रीमद भगवद गीता भी उनमे से एक है. अतः शयन करने से पूर्व यदि हम नियमित ३० से ३५ मिनट पुस्तक का अध्ययन करले तो नींद भी अच्छी आयेगी और सद्विचार आने से अगले दिन पुरे उत्साह के साथ कार्य करने का मन बनेगा. इससे हमे अपने स्वयम, जीवन और उद्देश्य के बारे में ज्ञान होगा और उसका अनुसरण करने पर अन्धविश्वास में भी कोई हमे नही फसा सकेगा. इसलिए अपने धर्म की सभी वास्तविकताओ का ज्ञान हम वास्तविक पुस्तको के अध्ययन से ही मिलेगा.

आजकल सोशल साइटों पर वैदिक धर्म के विरुद्ध विभिन्न धारणाये प्रचारित हो रही है, यह कार्य विभिन्न माध्यमो से विदेशी अक्रान्ताओ द्वारा सैकड़ो हजारो वर्षो से किया जारहा है. जो कि केवल इसलिए क्योकि युवा वर्ग केवल फेस बुक, व्हात्सेप, इन्स्ताग्राम आदि आदि का अधीन होता जा रहा है. जिसके कारण आज का युवा भ्रमित होकर उनके षड्यंत्र में फसता

जारहा है, रात्रि में अधिक देर तक जगता है, प्रातः देर से उठने के कारण सूर्योदय भी नही देख पा रहा और २० से ३० की आयु में ही विभिन्न रोगों का शिकार हो रहा है. इसके सम्बन्ध में कुछ प्रश्न विचार हेतु प्रस्तुत हैं :-

- हम इतिहास में मुगलों, तुर्को आदि का इतिहास उनकी वंशावाली पढ़ते है क्या आज हमें अपनी वंशावली का ज्ञान है ?
- जिन जिन बच्चो को पाश्चात्य सिंगर्स के नाम याद है क्या वे हमारे देश के संगीत य अन्य कलाओ को जानते है ?
- क्या आज के बालक अथवा युवा शारीरिक व् मानसिक रूप से स्वस्थ, प्रसन्न है ?
- क्या वे सभी फल सब्जी अनाजो के विषय में ज्ञान रखते है ?
- क्या वे अपने सभी रिश्तो का ज्ञान रखते है ?
- क्या उनका IQ रामानुज विवेकानंद, आदि से तेज है ?
- क्या आज का युवा पाश्चात्य संस्कृति का मानसिक गुलाम नही हो रहा ?

करत करत अभ्यास नित जड़मति होय सुजान, रस्सी आवत जात से सिल पर पड़े निशान.

उद्यम, साहसं, धैर्यम, बुद्धि, शक्ति, पराक्रमः

जस्टिस महादेव गोविन्द रानाडे, श्री गोपाल कृष्ण गोखले, पण्डित मदन मोहन मालवीय, दादा भाई नारौजी, महात्मा गाँधी सरीखे महापुरुष मध्यम श्रेणी के घरानों में पैदा हुए, उनका परिश्रम ही था जिसने उन्हें साधारण से महान बनाया. अमेरिका के राष्ट्रपति अन्द्रुज जानसन जो पहले दरजी का काम करते थे, वाशिंगटन में भाषण करते हुए एक बार उन्होंने बताया की दर्जीगिरी की बात वो कभी नही भूल सकते थे, क्योकि उसू पेशे से उन्होंने बहुत उम्र तक गुजर बसर की थी.उस समय के सद्गुण, सद्व्यवहार, अच्छा कम करना और समय का अनुशासन जो उन्होंने प्रारम्भ से ही अपनाया वह उनकी सफलता का मुख्य आधार था. बुटेर का प्रसिद्द धर्माचार्य डॉक्टर जॉन प्रिड़ाने बचपन में गरीबी के कारण शिक्षा प्राप्त करने के लिए एक कालिज के छात्रावास में बव्ची की नौकरी के साथ पढ़ी करते थे. इंग्लैंड के जज सर एडमंड सर एडर्स पहले एक अदालत का चपरासी था. उसने नौकरी करते करते कानून की पढाई करके उन्नति की थी.

सर जे० रेनाल्ड कहा करते थे, " हर कोई व्यक्ति बुद्धिमान एवं सुयोग्य बन सकता है, यदि वह परिश्रम और धैर्य को अपनाले. मेहनत वह खराद है, जो मंद बुद्धि की मंदता दूर कर देती है और उन्नत बुद्धि को और अधिक चमकाती है." सर बक्सटन का मत है, " असाधारन उद्योग करने से साधारण साधनों से भी बेड़ा पर हो सकता है." लेडी मानगेट ने कहा, " नम्रता खुद तो बिना मोल आती है, किन्तु उससे दूसरी सब चीजे खरीदी जा सकती हैं." क्वीन एलिजाबेथ का कथन है कि, " अगर आपमें विनयशीलता और मधुर भाषण के

गुण हो तो लोगो के दिलो को जीत सकते है और उनका प्रेम तथा धन दोनों ही प्राप्त कर सकते है." वैज्ञानिक बतलाते हैं की यदि पचास एकड़ भूमि पर पड़ने वाली सूर्य की किरणों को एकत्रित कर लिया जाय, तो उनसे प्राप्त विद्युत् से कल करकारखाने चलाये जा सकते है. इसी प्रकार मनुष्य में अनंत शक्तियों का भंडार छिपा पड़ा है, परन्तु उसे बिना समुचित स्थिति से कम में लाये , वह व्यर्थ ही हो जाता है. एक विद्वान का कथन है, " मनुष्य की आधी बुद्धि उसके साहस के साथ ही चली जाती है, यदि आप आपत्तियों को देखकर घबरा गये, तो समझ लीजिये की संकट रुपी भेड़ीये के सामने आपने अपनी लाश को कुतरने के लिए छोड़ दिया." एक विद्वान् का कथन है की कीर्ति, प्रतिष्ठा और उच्च पद अपने ही प्रयत्न से प्राप्त होते है. न तो वह पैत्रिक सम्पत्ति, या देवयोग से मिलते है, न धन से मोल ही ख़रीदे जा सकते. यह फल अध्यवसाय, उद्योग और दृढ़चरित्र की बेलो पर ही लगते पाए जाते हैं.

मितव्ययता :

एक मनुष्य किस प्रकार पैसा कमाता है, खर्च करता है और बचाता है—यह देखकर उसकी बुद्धि की परीक्षा की जा सकती है. यह ठीक है की धन संग्रह के लिए नही, परन्तु यह भी ठीक है की पैसो को तुच्छ नही समझना चाहिए. समझदारी, उदारता, दूरदर्शिता जैसे महत्वपूर्ण गुण ईमानदारी से सम्बन्ध रखते है.दरिद्र मनुष्य कभी कभी विवश होकर भी अन्याय, अधर्म एवं अकरणीय कामो को करने में प्रवृत्त होते देखे जाते हैं. चतुर कौन है ? इसके उत्तर में एक विद्वान ने कहा है कि –" जो पैसे को उचित रीति से कमाना, खर्च करना और कमाना जानता है, और पैसे का सम्मान भी करता है, वही बुद्धिमान है. पैसा ईमानदारी और मेहनत से कमाने वाला पैसो को सदुपयोग करता है. यदि कहीं से झटके का मॉल हाथ लग जाय तो वह फिजूलखर्ची में उड़ जायगा. इसीलिए कहते हैं की चोरो के महल नही होते. सत्य भी है जिसने उपार्जन में श्रम नही किया वह उसकी मूल्य नही जनता.और महमय लक्ष्मी इतनी निर्लज्ज भी नही है कि जो अपमानित होकर भी किसी के घर में अधिक दिन तक पड़ी रहे. फिजूलखर्ची एक प्रकार का देशद्रोह है, क्योकि इससे बेकारी, निराश्रयता, लाचारी और दुर्वृतियो की वृद्धि होती है. सुकरात कहा करते थे, " जो देश की उन्नति करना चाहते है, वे पहले अपनी उन्नति करें. अपव्ययी मनुष्य कोई भी बड़ा कम न कर सकेंगे और नहीं आत्मसम्मान कायम रख सकेंगे."

आलस्य छोड़ने और कार्य को सफलता से करने के २१ सर्वश्रेष्ठ विधि का सार ;

- दावत की मेज सजा लें :- आप जो भी करना चाहते है इसका स्पष्ट रूप से उद्देश्य और लक्ष्य तैयार करके लिखले.

- प्रत्येक दिन की योजना पूर्व निर्धारित कर ले:- कागज पर पूर्वनिर्धारण में एक मिनट लेन से कार्य में लगने वाले समय में से १० मिनट बच जाते है.

- हर कार्य पर ८०-२० का नियम पालन करे: - आपकी २०% गतिविधिया ८०% परिणामो के लिए उत्तरदायी होती है. अपने प्रयत्नों को हमेशा शीर्ष २०% पर ही केन्द्रित करें.

- परिणामो पर विचार करे :- आपके सबसे महत्वपूर्ण कार्य और प्रथमिकताये वे हैं, जिनका आपके जीवन या कामधंधे पर सबसे अधि सकारात्मक अथवा नकारात्मक प्रभाव होसकता है.इन पर बाकि सभी चीजो से अधिक ध्यान केन्द्रित करें,

- रचनात्मक टालमटोल का अभ्यास करें : -चूँकि आप हर चीज नही कर सकते, इसलिए आपको कम मूल्य के सभी कामो को जानबूझ कर टाल देना चाहिए , ताकि आपके पास उन विशेष कामो को करने का पर्याप्त समय रहे जो वास्तव में महत्वपूर्ण है.

- ऐ बी सी डी इ तकनीक का प्रयोग करें : - कम प्रारम्भ करने से पहले कामो की सूची पर उन्हें महत्व और प्राथमिकता के क्रम में जमा लें, ताकि यह सुनिश्चित हो जाय की आप अपनी सबसे महत्वपूर्ण गतिविधियों पर ही काम करें.

- प्रमुख परिणाम क्षेत्रो पर ध्यान करें : -उन परिणामो को पहचाने और तय करें, जिन्हें आपको अपना कम अच्छी तरह करने के लिए हर हल में पाना ही है. उन पर दिन भर मेहनत करे.

- तीन के नियम का पालन करें : - आप जो कामधंधा करते हैं,उसकी तीन एसी चीजो को पहचाने जो आपके ९०% योगदान के लिए जिम्मेदार है. फिर बाकि किसी चीज से पहले उन्हें करने पर ध्यान केन्द्रित करें. तब आपके पास अपने परिवार और निजी जिन्दगी के लिए अधिक समय रहेगा.

- प्रारम्भ करने से पहले पूरी तयारी करलें : -प्रारम्भ करने से पूर्व हर आवश्यक चीज अपने पास में रखलें. सभी जरुरी कागज, जानकारी, साधन, काम की सामग्री और आंकड़े पास में रखें. ताकि कार्य सुचारू रूप से कर सके.

- एक बार में तेल के एक पाइप तक पहुंचे :- यदि आप एक बार में कार्य के एक भाग को पूरा करलें, तो आप सबसे बड़े और जटिल कम को भी पूरा कर सकते हैं.

- अपनी योग्यताए बढाइये : - आप अपने प्रमुख कार्यो में जितने ज्ञानी, कुशल और योग्य होते है,उतनी ही तेजी से उसे प्रारम्भ करके शीघ्रता से सम्पूर्ण कर सकते हैं.

- अपनी विशेष योग्यताओ की लिवरेजिंग करें :- सटीकता से तय करे कि आप किस कार्य में पारंगत/ बहुत अच्छे हैं, य हो सकते हैं, फिर उन विशेष कार्यो को भुत अच्छी प्रकार से करने में पुरे मन से जुट जाय.

- प्रमुख बढाओ को पहचाने : - उन अन्तः / बाह्य बाधाओ का पता लगालें,जो उस गति को जो उस गति को टी करती है, जिससे आप अपने सबसे महत्वपूर्ण लक्ष्यों को प्राप्त करते हैं. फिर इन बाधाओ को दूर करने पर ध्यान केन्द्रित करें.

- स्वयं पर दबाव बनाएं : - कल्पना करे कि आप एक माह के लिए अवकाश पर जा रहे हैं, और जाने से पूर्व आपको अपने सभी महत्वपूर्ण कार्य पुरे करने हैं.

- अपनी व्यक्तिगत शक्तियों को अधिकतम करें :- हर दिन सर्वोच्च मानसिक और शारीरिक उर्जा के कल खंडो को पहचाने. अपने सबसे महत्वपूर्ण और जटिल कार्य उन्ही कालखंडों में करें, ताकि आप सर्वश्रेष्ठ प्रदर्शन कर सके.

- कर्म में जुटने के लिए स्वयम को प्रेरित करें : -अपने चीयर लीडर स्वयं बने, हर स्थिति में अच्छे खोजें. समस्या के स्थान पर समाधान पर ध्यान केन्द्रित करें. सदा आशावादी और सृजनात्मक बनें.
- तकनीकी के कारण समय व्यर्थ न होने दें :- तकनीकी का उपयोग अपनी सम्प्रेषण की गुणवत्ता को बढ़ाने में करें. किन्तु स्वयं का उसका गुलाम न होने दें.
- कार्य को सुविधानुसार विभाजित करलें :- बड़े जटिल कार्यो को छोटे भागो में विभाजित करके छोटे भाग को आसानी से पूरा करदें.
- समय के काल खंड निर्मित करें : -अपने दिनों को बड़े कालखंडों के आसपास व्यवस्थित करलें.ताकि आप सबसे महत्वपूर्ण कार्यो पर लम्बे समय तक ध्यान केन्द्रित कर सके.
- शीघ्रता का अहसास विकसित करें : - अपने प्रमुख कार्यो को तीव्र गति से करने का स्वभाव बनाये. अपनी छवि तीव्रता और कुशलता से कार्य करने की बनाये.
- प्रत्येक कार्य को एक ही बार में निपटाए :- स्पष्ट प्रथमिकताये टी करें, अपने सबसे महत्वपूर्ण कार्य तत्क्षण प्रारम्भ करें, निरंतरता से सतत पूर्ण होने तक करते रहे.यही उच्च प्रदर्शन और अधिकतम व्यक्तिगत उत्पादकता की वास्तविक कुंजी है. बस इसे कर दें.

20

प्रसन्नता

प्रसन्नता प्राप्ति के सूत्र

- अपनी संवाद की क्षमता बढायें,
- अपने विकल्पों को जांचे,
- स्वयं को नकारात्मक विचारो से बचाएं,
- मुस्कराहट आपको सकारात्मक और युवा रखने में सहायक होती है,
- दुसरो की वास्तविक सराहना करना सीखें,
- स्वयम को हँसाने के बहाने खोजें और सकारात्मकता की ओर बढ़े,
- उचित विश्राम से अपने जीवन में ताजगी लायें,
- प्रत्येक जीव व वस्तु में ईश्वर का दर्शन करें,
- उम्मीदों के मौसम का स्वागत करें,
- मनोरंजन और कार्य में संतुलन लायें,
- परिवर्तन को स्वीकार करने को तैयार रहें,
- प्रत्येक दिन को रोमांचक बनाएं,
- जीवन में प्रसन्नता के साथ आगे बढ़े,
- ऊर्जावान और उत्साही बने,
- सुख और दुःख दोनों का स्वागत करें,
- अपने भीतर के बालक को सदा जगाये रखें,
- अपने कार्य से प्रेम करें.

ग्रंथि हार्मोन्स

पिट्यूटरी ऐ सी टी ऍच का स्राव जो एन्द्रोनिल को उत्तेजित करता है.

एड्रिनल कार्टिसोल छोड़ता है जो यकृत को उत्तेजित करता है.

कार्टिसोल यकृत में संचित ग्लूकोस को ब्लड शुगर में बदलता है, ताकि उर्जा मिले.

- श्वसन तेज होता है, ताकि अधिक आक्सीजन मिले,
- एड्रिनल एवं दुसरे रसायन रक्त में तत्क्षण भेजे जाते है ताकि शरीर को अधिक उर्जा मिले.
- रक्त का प्रवाह बढऩे से हृदय की धडकन बढ़ जाती है,
- रक्तवाहिकाए सिकुड़ती है जिससेरक्त का प्रवाह बढ़ जाता है और हृदय की धडकन बढ़ जाती है,
- पसीना बढ़ता है त्वचा की प्रतिरोधक क्षमता घटती है,
- मासपेशीय खिचती है व सिकुड़ती है, ताकि वायरस का सामना करने के लिए तैयार रहे,
- पाचन मंद हो जाता है, रक्त का प्रवाहपाचन संसथान की बजाय मास्पेशियो की ओर हो जाता है,
- आँखों की पुतली सिकुड़ती है ताकि अधिक प्रकाश में देख सके,
- मुह सुख जाता है सलाइवा का स्राव कम या अधिक हो जाता है,
- मूत्राशय व मलाशय शिथिल हो जाते है,
- अनेक बार पावो / आवाज में कम्पन होती है,
- रक्त का प्रवाह त्वचा की ओर से विपरीत हो जाता है जिससे हाथ में ठंड लगती है.

21

मुद्रा विज्ञान

मुद्रा विज्ञान

नास्ति मुद्रा समम् किंचित सिद्दिधदं क्षितिमण्डले.

अंगुलियों में पंचतत्व :- अंगुष्ठ- अग्नि, तर्जनी- वायु, मध्यमा- आकाश, अनामिका- पृथ्वी, कनिष्ठा- जल.

हमारा शरीर पंचतत्वो से मिलकर बना है. पंचतत्वो में असंतुलन और घटने, बढने से रोगों की उत्पत्ति होती है. अंगुलियों की सहायता से विभिन्न मुद्राओ द्वारा इन पंचतत्वो को संतुलित करके स्वास्थ्य रक्षा एवं रोग निवारण किया जा सकता है, कुस्छ मुद्राएँ तत्काल असर करती हैं.जैसे शून्य मुद्रा, लिंग मुद्रा, आदित्य मुद्रा एवं अपान वायुमुद्रा. कुछ मुद्राये लम्बे समय के अभ्यास के बाद अपना स्थायी प्रभाव प्रकट करती हैं. इन्हें चलते फिरते, उठते-बैठते ४५ मिनुत तक करने से पूर्ण लाभ मिलता है. ज्ञान, प्राण, अपान, पृथ्वी, ध्यान, सहज शंख, एवं शंख मुद्रा की कोई समय सीमा नही है, अधिक करने से अधिक लाभ होगा.मुद्राये दोनों हाथ से करनी चाहिए. एक हाथ से मुद्राये करने पर भी लाभ होता है, जैसे – ज्ञान मुद्रा. बायेहाथ से जो मुद्राये की जाती हैं, उसका शरीर के दये अंगो पर प्रभाव पड़ता है और दाये हाथ से जो मुद्रा की जाती है, उससे बायीं तरफ का शरीर प्रभावित होता है.मुद्रा में अंगुलियों का स्पर्श करते समय दबाव हल्का और सहज होना चाहिए.शेष अंगुलिय तन कर रखने के बजाय सहज भाव से सीधे रखें.

- पुस्तक मुद्रा : - मुट्ठी बांध लें. अंगूठा तर्जनी के मुड़े भाग पर रहे. लाभ :- मस्तिष्क के सूक्ष्म कोष क्रिया शील होने से एकाग्रता के वृद्दि. कम समय में ज्यादा विद्या ग्रहण. कोई भी पुस्तक जल्दी समझ आ जाती है.
- ज्ञान मुद्रा :- अंगूठा और तर्जनी के अग्र भाग को आपस में मिलाएं, शेष अगुलिया सीधी रखे.

लाभ :- एकाग्रता, नकारात्मक विचारो में कमी, सिरदर्द, अनिद्रा, क्रोध, तथा सभी मानसिक रोग- पागलपन, उन्माद, विक्षिप्तता, चिडचिडापन, अस्थिरता, अनिश्चितता, आलस्य, घबराहट, अनमनापन, व्याकुलता एवं भय का नाश करती है. अच्छे परिणाम हेतु बाद में प्राण मुद्रा अवश्य करें.

- प्राण मुद्रा:- कनिष्ठा, अनामिका के अग्र भाग को अंगुष्ठ के अग्र भाग से मिलाये शेष अंगुलिय सीधी रखें.

लाभ :- प्राण की सुप्त शक्ति का जागरण, शरीर में स्फूर्ति, आरोग्य और उर्जा का विकास, तेज स्मरण शक्ति, दिव्य दृष्टि की प्राप्ति. नेत्र ज्योति वद्र्धन, रोग प्रतिरोधक शक्ति का विकास, विटामिन्स की पूर्ति, उपवास काल में भूख प्यास की कमी एवं थकन दूर करती है.

- पृथ्वी मुद्रा :- अनामिका व् अंगगाउष्ठ के अग्र भाग को आपस में मिलाना, शेष अंगुलिय सीधी रखना. लाभ :- शारीरिक दुर्बलता व पाचन शक्ति ठीक,जीवनी शक्ति व सात्विक गुणों का विकास. विटामिन्स की पूर्ति. शरीर में कांति व तेजस्विता की वृद्धि. वजन बढ़ाना और अध्यात्मिक प्रगति में सहयोगी.
- वायु मुद्रा :- तर्जनी को अंगूठे के मूल में लगा कर अंगुष्ठ से हल्का दबाये, शेष अंगुलिय सीधी. लाभ :- पुराने वात रोग, पोलियो, मुह का टेढ़ा पड़ जाना आदि में लाभ दायक है.स्वस्थ होने तक ही करें, साथ में प्राण मुद्रा अधिक हितकर.
- अपान मुद्रा :- अनामिका, मध्यमा और अंगुष्ठ के अग्र भाग को मिलाये और शेष अंगुली सीधी रखे. लाभ :- शरीर के विजातीय तत्व बाहर. कब्ज, बवासीर, मधुमेह और गुर्दा दोष दूर. पसीना लाती है. पहुँचने के योग्य सुक्ष्मतिसुक्ष्मस्वच्छ स्थिति की प्राप्ति. साथ में प्राण मुद्रा करने पर मुख, आंख और कान के विकार भी दूर होते है.
- शून्य मुद्रा :- मध्यमा अंगुली को अंगुष्ठ के मूल में लगा कर अंगुष्ठ से हल्का दबाव रखें. लाभ :- कान का बहना एवं दर्द में आराम,बहरेपन में दीर्घ कल तक लगभग एक घंटा प्रति दिन करें. स्वस्थ होने तक ही करें. जन्म से बहरे व्यक्ति पर इसका प्रभाव नही होता. अस्थियो की कमजोरी और हृदय रोग दूर, मसूड़ों की पकड़ मजबूत होती है.गले और थोयरोइड रोग में लाभ.
- आकाश मुद्रा :- मध्यमा अंगुली के अग्र भाग को अंगुष्ठ के अग्र भाग से मिलाएं. शेष अंगुलियाँ सीधी.

लाभ :- कान के जो रोग शून्य मुद्रा से ठीक न हो वो इससे ठीक हो जाते हैं. हड्डियों की कमजोरी व् हृदय रोग में लाभ.

- सहज शंख मुद्रा :- दोनो हाथो की अंगुलियों को आपस में फंसा कर हथेलियाँ दबाये तथा दोनों अंगूठो को बराबर में सटा कर रखें. लाभ :- हकलाना, तुतलाना बंद एवं आवाज मधुर होती है. पाचन क्रिया ठीक होती है.आन्तरिक औरबाहरी स्वास्थय पर भी अच्छा प्रभाव पड़ता है. ब्रह्मचर्य पालन में मदद मिलती है. वज्रासन में करने पर विशेष लाभ.

- शंख मुद्रा :- बाये हाथ के अंगूठे को दोनों हाथ की मुट्ठी में बंद करे. लाभ :- गले व थायरोइड ग्रंथि पर प्रभाव, आवाज मधुर पाचन क्रिया में सुधर.वाणी सम्बन्धी समस्त दोष, आंत्र व पेट के निचले भाग के विकार दूर होते हैं. यह मुद्रा पूजा में भी प्रयुक्त होती है.

- जलोदर नाशक :- कनिष्ठा को अंगूठे की जड़ में लगाकर अंगूठे से दबाये. लाभ :- जल तत्व की अधिकता से होने वाले सभी रोग, सुजन, जलोदर आदि में विशेष लाभ मिलता है. रोग शांत होने तक ही करें.

- सूर्य मुद्रा :- अनामिका को अंगूठे के मूल में लगा कर अंगूठे से दबाये. लाभ :- मोटापा कम होने से शरीर संतुलित, पाचन क्रिया में मदद मिलती है. शक्ति का विकास आलस्य दूर, कोलेस्ट्रोल में कमी, तनाव में कमी फलस्वरूप मधुमेह, यकृत दोष में लाभ होता है.

- अपानवायु मुद्रा :- तर्जनी को अंगुष्ठ के मूल में लगाकर अंगूठे से हल्का दबाये, अनामिका, मध्यमा और अन्गूठे के अग्र भाग को मिलाये, कनिष्ठा को सीधा रहने दे. लाभ :- इससे हृदय एवं वात रोग दूर होते हैं.शरीर में आरोग्यता का विकास, दिल का दौरा पड़ते ही यह मुद्रा करने पर आराम, पेट गैस का निश्कासन. सिरदर्द, पेटदर्द, कमरदर्द, श्यातिका, गठिया, दमा, उच्च रक्तचाप, एसिडिटी में लाभ. शरीर का तापमान संतुलित.दमा के रोगी सीढिया चढ़ने से पाच- सात मिनट पहले करले

- वरुण मुद्रा :- कनिष्ठ अंगुली और अंगूठे के अग्र भाग को मिलाये, शे अंगुली सीधी रहने दे. लाभ :- रूखापन नष्ट, चमड़ी चमकीली व् मुलायम,चरम रोग, रक्त विकार, मुहांसे एवं जल की कमी वाले रोग दूर होते है. दस्त में लाभ,शरीर में खिचाव का दर्द ठीक होता है.

- आदित्य मुद्रा :- अंगुष्ठ को अनामिका की जड़ में लगाये, हल्का सा दबाये और शेष अंगुलिय सीधी.

लाभ :- छीक उबासी में लाभ होता है.

- लिंग मुद्रा :- दोनों हाथो की अंगुलियों को आपस में फंसा कर बाये हाथ का अंगूठा खड़ा रखें. दाहिने हाथ के अंगूठे से बाये हाथ के अंगूठे को लपेट लें. लाभ :- गर्मी बढाती है, सर्दी, जुखाम, दमा, खांसी, साइनस, लकवा और निम्न रक्तचाप में लाभ. नक् बहाना बंद, बंद नाक खुल जाती है.

- ध्यान मुद्रा :- बाएँ हाथकी हथेली पर दायें हाथ की हथेली रखें.कमर सीधी आंखे बंद.

लाभ :- ओज एवं एकाग्रता में वृद्धि करती है.ध्यान की उच्चतर स्थिति में पहुँचने में सहायक.धन मुद्रा और ज्ञान मुद्रा दोनों एक साथ करने पर दोनों के सम्मिलित लाभ मिल जाते हैं.

विभिन्न रोगों के लिए मुद्राएँ.

क्रमांक रोग निवारण हेतु मुद्राये

- आलस्य पृथ्वी मुद्रा, प्राण मुद्रा
- उच्च रक्त चाप अपानवायु, प्राण मुद्रा
- उत्तेजना ज्ञान,ध्यान मुद्रा
- एलर्जी लिंग, शंख मुद्रा
- एसिडिटी अपान, अपानवायु मुद्रा
- कफ लिंग, सूर्य मुद्रा
- कब्ज अपान मुद्रा
- खांसी/जुकाम लिंग, सूर्य मुद्रा
- खुजली वरुण मुद्रा
- गर्दन दर्द वायु मुद्रा
- गैस्ट्रिक /पेटदर्द अपानवायु मुद्रा
- घुटना दर्द अपानवायु मुद्रा
- चिंता ज्ञान, ध्यान मुद्रा
- चिडचिडापन ज्ञान, ध्यान मुद्रा
- छीक/उबासी आदित्य मुद्रा
- जलन वरुण, अपान मुद्रा
- जड़ता प्राण मुद्रा
- जबड़ा जकडन आकाश मुद्रा
- टोन्सिल शंख मुद्रा
- टीबी लिंग, सूर्य मुद्रा
- डायबिटीज अपान+सूर्य मुद्रा
- थकन प्राण, पृथ्वी मुद्र
- थायरोइड सूर्य, शंख, सहज शंखमुद्रा
- दमा अपानवायु, सूर्य, लिंग मुद्रा
- दस्त वरुण, वायु, अपानवायु मुद्रा
- दन्त दर्द आकाश, अपान मुद्रा
- दुर्बलता पृथ्वी मुद्रा
- निमोनिया सूर्य, लिंग मुद्रा

- निम्न रक्तचाप प्राण, लिंग, अपान, आकाश मुद्रा
- निराशा ज्ञान, प्राण मुद्रा
- प्यास बुझाना वरुण, प्राण मुद्रा
- प्लुरसी(फेफड़े में पानी) सूर्य, लिंग मुद्रा
- पेशाब बंद अपानवायु मुद्रा
- पाचन पृथ्वी, सूर्य, लिंग, सहज शंख मुद्रा
- पैर दर्द प्राण मुद्रा
- बवासीर सहज शंख मुद्रा
- ब्रह्मचर्य सहज शंखमुद्रा
- बुखार अपानवायु, वरुण, लिंग मुद्रा
- बेचैनी ज्ञान, प्राण, अपानवायु मुद्रा
- भय ज्ञान मुद्रा
- मूर्छा वरुण मुद्रा
- याददास्त ज्ञान, पुस्तक मुद्रा
- रक्त दोष वरुण, प्राण, अपान मुद्रा
- लकवा वायु, प्राण मुद्रा
- लीवर सूर्य, शंख, सहज शंख मुद्रा
- वजन बढ़ाना पृथ्वी मुद्रा
- वजन घटाना सूर्य मुद्रा
- शियातिका अपानवायु, प्राण मुद्रा
- सायनस सूर्य, लिंग मुद्रा
- सिरदर्द अपानवायु मुद्रा
- सुजन जलोदर नाशक मुद्रा
- सोरायसिस वरुण, अपान मुद्रा
- हकलाना शंख मुद्रा
- हिचकी अपानवायु मुद्रा

(कृपया मुद्राये, आसन व प्राणायाम किसी सक्षम योगअभ्यासी से सीख ले ताकि आपात स्थिति में सदउपयोग कर सके.)

स्फुट प्रकरण

उच्च स्तरीय साधना विधान के अंतर्गत कुछ अतिरिक्त ध्यानात्मक आसन, प्राणायाम, मुद्रा, बंध का उल्लेख किया जा रहा है. जिन्हें साधक आवश्यकतानुसार प्रयोग कर सकते हैं.

आसन

आसन समग्र शरीर का होता है. कमर सीधी आंखे अधखुली अथवा अध् बंद सी, शांत चित्त, स्थिर काया, यह स्थिति ध्यान के लिए उपयुक्त है. दोनों हस्त गोदी में हो, शरीर सुखासन की स्थिति में होते हुए भी सुस्थिर, सुव्यवस्थित हो. आसन निम्न लिखित हैं;

• पद्मासन :- दोनों पैर विपरीत दिशा में दोनों जन्घो पर रखें. तलवे उपर की ओर रहे, एड़ी कुल्हे की हड्डी का स्पर्श करे. सर, मेरुदंड सीधे और कंधे तनाव मुक्त रहे.

लाभ :- शारीरिक स्थिरता मन शांत, प्राणशक्ति का सुश्मना में प्रवाह, जठराग्नि तेज.

• सिद्ध आसन :- बाये पैर की एड़ी पर बैठते हुए तलवे को दाई जांघ के भीतर ले. बाये पैर की एड़ी का दबाव गुदा व जननेंद्रिय के बीच रहे, दाये पैर को मोड़ कर टखने को बाये टखने के उपर य पास में रखें. एड़िया एक दुसरे के उपर रखें.दाये पैर के तलवे को बायीं जांघ एवं पिंडली के बीच फसाये.हाथो को घुटनो पर रखे. इसका अभ्यास किसी भी पैर को उपर रखकर किया जा सकता है. लाभ :- प्राण उर्जा का उर्ध्वगमन, ब्रह्मचर्य पालन में सहयोग. रक्त चाप संतुलित करता है.

• सिद्ध योनी आसन :- यह केवल महिलाओ के लिए है, बाये एड़ी को योनी के भगोष्ठ से जमाकर रखे. तलवे को दाई जांघ व पिंडली के फसा ले. बायीं एड़ी के दबाव को महसूस करे. दाये पैर की एड़ी को बायी एड़ी पर इस प्रकार रखे की भग-शिश्न लों दबाये. तलवे को बायीं जांघ एवं पिंडली के बिच फसा दें. इसका अभ्यास किसी भी पैर को उपर रखकर किया जा सकता है.

लाभ :- सिद्धासन के समान.

• वज्रासन :- घुटनों के बल धरती पर बैठे. पैरो के अंगूठो को एक साथ और एडियो को दूर रखें. पंजो के भीतरी भाग के उपर बैठें. एड़िया कुलहो का स्पर्श करे.हाथो को घुटनों पर रखें. हथेलियाँ निचे की ओर रहें.भीतर बाहर अति जाती श्वास पर ध्यान केन्द्रित करें.

लाभ :- पाचन क्रिया तीव्र होजाती है, फलस्वरूप अम्लता और पेप्टिक अल्सर में लाभ होता है. हार्निया, बवासीर, हाईड्रोसिल, मासिक स्राव की गडबडी दूर करता है. स्यतिका व मेरुदंड के निचले भाग की गडबडी से गरिश्ठ व्यक्तियों के लिए सर्वोत्तम आसन है. सुषमना में प्राण का संचार करता है तथा कम उर्जा को मस्तिष्क में संप्रेषित करता है.

• स्वस्तिकासन :- यह सिद्ध आसन का सरलीकृत रूप है. अंतर केवल इतना है, की एड़ी का दबाव गुदा एवं जननेंद्रिय के बीच न होकर बगल में पड़ता है.

लाभ :- पेशीय पीड़ा से परेशान लोगो के बैठने के लिए एक स्वस्थ आसन है.

* सुखासन :- जिस प्रकार बैठने से शरीर को सुविधा हो, शांति में अडचन न पड़े, वही सुखासन कहलाता है. बाये पैर को मोड़ कर पंजे को दायें जांघ के नीचे रखें. दये पैर को मोड़ कर पंजे को बायीं जांघ के नीचे रखें. हाथो को घुटनों पर रखें.

लाभ : - बिना तनाव , पीड़ा व कष्ट के शारीरिक और मानसिक संतुलन प्रदान करता है.जो लोग ध्यान के कठिन आसनो में नही बैठ सकते, उनके लिए सरलतम एवं सर्वाधिक आरामदायक आसन है.

* भद्रासन :- वज्रासन में बैठे, घुटनों को जितना सम्भव हो दूर करलें, किन्तु जोर न लगायें.पैरो की अंगुलियों का संपर्क धरती से बना रहे, अब पंजो को एक दुसरे से इतना अलग करलें की नितम्ब और मूलाधार उनके बिच धरती पर टिक सके. हाथो को घुटनों पर रखें. हथेलिय नीचे की ओर रहे. नासिका के अग्र भाग पर दृष्टि को एकाग्र करे.
* लाभ :- यह ध्यान के लिए एक उत्कृष्ट आसन है, इससे मूलाधार चक्र उत्तेजित हो जाता है. वज्रासन से प्राप्त होने वाले सभी लाभ इससे भी प्राप्त होते है.
* वीरासन :- वज्रासन में बैठे, दाहिने घुटने को उपर उठायें और दाहिने पंजे को बाये घुटने के भीतरी भाग के पास धरती पर रखे.दाहिनी कोहनी को दाई घुटने पर और ठुड्डी को दाहिने हाथ की हथेली पर रखें.आँखों को बंद कर विश्राम करें. अब बाए पंजे को दाहिने घुटने के बगल में रखकर इसकी पुनरावृति करें.

लाभ :- एकाग्रता में वृद्धि, शारीरिक व मानसिक विश्रांति प्रदान करता है.गुर्दे, यकृत, प्रजनन एवं अमाशय अंगो के लिए यह उत्तम आसन है.

* ध्यान वीरासन :- दये पैर को बाये पैर के उपर इस प्रकार रखे की दये पैर की एडी बाये नितम्ब को और बाये पैर की एड्डी दाये नितम्ब को स्पर्श करे. दये घुटने को बाये घुटने पर तथा हाथो को घुटने या पैर के पंजो पर जो भी सुविधाजनक हो, रख ले. इस क्रम को विपरीत अर्थात बाये पैर को दायें पैर के उपर रख कर भी कर सकते हैं.
* लाभ :- श्रोणीय और प्रजनन अंगो की मालिश करके उन्हें पुष्ट करता है.

रोगानुसार आसन, प्राणायाम, बंध, आहार
क्रमांक रोग उपचार

* अनिद्रा शवासन, भ्रामरी, त्राटक.

- अंडकोष वृद्धि प्रज्ञायोग, सर्वांगासन, वज्रासन में अधिक बैठे, भ्रामरी प्राणायाम, अश्विनी मुद्रा,मूल बंध, कब्ज से बचे.
- उच्च रक्तचाप सिद्धासन, शीतली, भ्रामरी, उज्जायी प्राणायाम, समिषऔर मसालेदार भोजन निषेध.
- एकाग्रता नाड़ीशोधन, भ्रामरी, भस्त्रिका प्राणायाम.
- एसिडिटी वज्रासन, नाड़ीशोधन, भ्रामरी, शीतकारी प्राणायाम, हरी शाक सब्जी ताजे मौसमी फल, पानी अधिक लें.
- कब्ज ताड़ासन, नाड़ीशोधन, शीतकारी प्राणायाम, हरी शाक सब्जी, मौसमी फल, पानी अधिक पियें.
- कमर दर्द भुजंगासन, ताड़ासन. उज्जायी, भ्रामरी, नाड़ीशोधन प्राणायाम, शाकाहारी अधिक मात्र में पानी पियें.
- किडनी प्रज्ञायोग, भुजंगासन, सर्वांगासन, पश्चिमोतान आसन,भस्त्रिका, कपालभांति प्राणायाम,उद्दियान बंध, निरामिष व कम नमक का प्रयोग, पानी का अधिक प्रयोग करें.
- कैंसर प्रज्ञायोग,नाड़ीशोधन, भ्रामरी प्राणायाम.
- क्रोध पश्चिमोतान आसन, नाड़ीशोधन, भ्रामरी, शीतली, उज्जायी प्राणायाम, मुलबंध, शिथिलीकरण, अन्त्रमौन, शाकाहारी भोजन.
- चरम रोग प्रज्ञा योग, सर्वांगासन, सभी प्राणायाम,मांसाहार, तेल, मिठाई, काफी चाय आदि वर्जित.
- चिंता प्रज्ञा योग, भुजंगासन, सर्वांगासन, कपालभांति, नाड़ीशोधन, भ्रामरी, शीतली प्राणायाम, शुद्ध शाकाहार.
- छाती में दर्द शवासन, नाड़ीशोधन, भ्रामरी,उज्जायी प्राणायाम, शिथिलीकरण,शाकाहारी और अल्पाहार.
- डिप्रेशन प्रज्ञायोग, भुजंगासन, भस्त्रिका, कपालभाति, शाकाहार.
- थकावट प्रज्ञायोग, ताड़ासन, नाड़ीशोधन, भ्रामरी, भस्त्रिका प्राणायाम,उद्दियान मुलबंध.
- दमा प्रज्ञायोग,सर्वांगासन, भुजंगासन, नाड़ीशोधन, भस्त्रिका, कपालभांति प्राणायाम,कफ बनाने वाले पदार्थ निषेध.
- दस्त प्रज्ञा योग, भ्रामरी, शीतली प्राणायाम, शवासन.
- नपुंसकता प्रज्ञायोग, सर्वांगासन, भुजंगासन, नाड़ीशोधन, भस्त्रिका प्राणायाम, मुलबंध, अश्विनी मुद्रा.
- बवासीर सर्वांगासन, नाड़ीशोधन, भ्रामरी प्राणायाम, मुलबंध,अश्विनी मुद्रा. हल्का सुपाच्य शाकाहारी भोजन, अधिक मात्र में पानी पियें.

- पाचन भस्त्रिका, कपालभांति, नाड़ीशोधन प्राणायाम, उद्दियान बंध, हरी शाक सब्जी, मौसमी फल, अधिक पानी.
- निम्न रक्तचाप प्रज्ञा योग,भस्त्रिका, कपालभांति नाड़ीशोधन प्राणायाम.
- मधुमेह प्रज्ञायोग, सर्वांगासन, भुजंगासन,पश्चिमोत्तानासन, भस्त्रिका, नाड़ीशोधन प्राणायाम, प्रातः टहले, आहार चिकित्सक की सलाह से लें.
- मासिक स्राव प्रज्ञा योग, भुजंगासन, धनुरासन, पश्चिमोत्तानासन, भस्त्रिका नाड़ीशोधन प्राणायाम,अश्विनिमुद्रा, उद्दियान, मुलबंध,शाकाहारी भोजन व् साथ में सलाद.
- मोटापा प्रज्ञायोग, भस्त्रिका, नाड़ीशोधन प्राणायाम, तेल, घी वर्जित, शाकाहार, साप्ताहिक उपवास, पानी अधिक पिए.
- वातरोग वज्रासन, भ्रामरी,नाड़ीशोधन प्राणायाम, शाकाहारी भोजन.
- स्लिप डिस्क धीमी गति से पीछे झुकने वाले आसन करें, भ्रमरी, शीतली, नाड़ीशोधन प्राणायाम.
- सर्दी प्रज्ञायोग, वज्रासन, भस्त्रिका, कपालभांति प्राणायाम,कफ कर्क पदार्थ न खाएं, दूध से बने पदार्थ भी न खाए.
- सिरदर्द शवासन, ताड़ासन, वज्रासन,नाड़ीशोधन भ्रामरी, शितकारी प्राणायाम.
- हकलाना भ्रामरी, शीतली प्राणायाम.

प्राणायाम सम्बंधित सामान्य जानकारी

- प्राणायाम करने का स्थान स्वच्छ, हवादार, शांतिमय और पवित्र हो. प्राकृतिक स्थान नदी- सरोवर का तट, पहाड़ आदि उत्तम हैं. तथापि स्वच्छ हवादार कमरे य छत पर भी काम चलाया जा सकता है. दुर्गन्ध, सीलन, धूलयुक्त स्थान पर प्राणायाम करने से हनी भी हो सकती है.
- प्राणायाम के लिए प्रातः- सायं का समय उपयुक्त है.भोजन करने के ६ घंटे बाद अर्थात खली पेट ही व्ययाम करना चाहिए.
- ध्यानात्मक आसन पद्मासन, सिद्धासन, वज्रासन की स्थिति में बैध कर प्राणायाम करने चाहिए. विशेषकर इस बात का ध्यान रखा जाय कि मेरुदंड, कमर, गर्दन, छाती सीधी रहे. तो ही अनुकूल लाभ मिल सकेंगे.
- प्राणायाम से पर्याप्त लाभ उठाने के लिए आहार विहार का संतुलन, व्यवस्थित जीवनक्रम होना आवश्यक है. जीवन की मर्यादाओ का व्यतिरेक करने पर किसी भी अभ्यास से लाभ नही मिलता.
- प्राणायाम का अभ्यास करने वाले को भोजन हल्का, सात्विक, स्निग्ध, पेय आदि हैं.इस प्रकार रोटी साग, दूध, दलीया, घी, चावल, खिचड़ी, फल आदि उत्तम हैं.

- शक्तिवर्धन एवं भारी कार्य करने वालो का भोजन विशेष रूप से पोष्टिक, स्निग्ध एवं सुपाच्य होना चाहिए.

- किसी तीव्र रोग ज्वरादि की स्थिति में प्राणायाम का अभ्यास करना वर्जित है.

- सर्दी के मौसम में शीतली, चंद्रभेदी, शितकारी आदि प्रनायामो का अभ्यास नही करना चाहिए; किन्तु पित्त प्रधान प्रकृति वाले इन्हें सर्दी में भी कर सकते हैं.

- गर्मी के मौसम में भस्त्रिका, कपालभांति, सुर्यभेदन आदि प्राणायाम नही करने चाहिए ; परन्तु कफ प्रकृति वाले इन्हें हिमालय आदि ठंडे स्थानों पर नही कर सकते हैं.

- शितकारी, शीतली प्राणायाम वात प्रधान प्रकृति के लोग न करें.

- मन की एकाग्रता हेतु, तथा चित्त की चंचलता, विक्षिप्तता को दूर करने के लिए भ्रामरी, शीतली, शितकारी, उज्जायी आदि प्राणायाम करना हितकारी रहता है.

- ब्रह्मचर्य पालन का विशेष ध्यान रखना आवश्यक है.

- पेट कोहल्का और मल रहित रखना चाहिए, इससे प्राणायाम के अभ्यास में सुगमता और सिद्धि मिलती है.

- प्राणायाम के बाद १५ से २० मिनट अथवा जितना बने विश्राम अवश्य लेना चाहिए.

- तीनो बन्धो को आवश्यकतानुसार अवश्य लगाना चाहिए.

- प्राणायाम करते समय छाती को फुलाना चाहिए, इससे फेफड़े और अन्य स्वसन अवयवो कोविकास के लिए सहयता मिमिल्जती है.

- जो व्यक्ति अध्यात्मिक दृष्टी से प्राणायाम करते हैं, उनको पूरक कुम्भक आदि का समय क्रमशः बढ़ाते चलना चाहिए, किन्तु इतना अधिक भी नही कि घुटन महसूस होने लगे.

- जो व्यक्ति केवल स्वास्थ्य की दृष्टी से प्राणायाम करते है, उनको पूरक कुम्भक आदि का समय कम रखने का ही प्रयत्न करना चाहिय.

- प्राणायाम थोड़े से प्रारम्भ करके क्रमशः मात्र बढायें, सामर्थ्य अनुसार ही प्राणायाम करे. कुशल मार्गदर्शन में प्राणायाम करने से शीघ्र सफलता मिलती है.

22

आदित्य

अनुसरण हम किसी का भी कर सकते हैं लेकिन सूर्य से अधिक अनुशासित और संकल्पित कोई और नहीं हो सकता

जीवन के प्रत्येक पग पर जब हम कभी भी चारों ओर घूम कर देखते हैं तो हम पाएंगे कि हमारे आस-पास दिखने वाली सभी सजीव अथवा निर्जीव वस्तुएं हमें कुछ न कुछ सिखाने का प्रयास कर रहीं हैं। आसमान में चमकता हुआ सूरज मानो सुबह-सुबह उठकर हम से कह रहा है कि आज भी मैं तुमसे पहले उठ गया हूँ। ये कहने को एक कथन मात्र हो सकता है लेकिन यदि हम इसकी गंभीरता को समझने का प्रयास करें तो हम देखते हैं कि सूरज प्रतिदिन अपने निश्चित समय से उठकर सम्पूर्ण संसार को प्रकाशवान कर देता है। जब हम सूरज की धरती के प्रति प्रतिबद्धता और समय के प्रति नियमितता को ध्यान में रखते हुए इसकी तुलना स्वयं से करें तो हम निश्चय ही स्वयं को सूर्य की तरह अडिग और विश्वसनीय बना सकते हैं। क्या कभी किसी को कहते देखा या सुना है कि सूरज को कल रात में देर हो गई थी तो वो आज देर से निकलेगा, या ये कहते कि आज सूर्य का मन नहीं है वो छुट्टी पर गया है। नहीं... कभी भी नहीं।

सामान्य मनुष्य के ऊपर सदैव से पक्षपात के आरोप प्रत्यारोप लगते रहे हैं। आप कितना ही निष्पक्ष रहकर कार्य करने का प्रयास करते रहें लेकिन प्रत्यक्ष या अप्रत्यक्ष रूप से कहीं न कहीं हम पर इसका आरोप स्वाभाविक रूप से लग जाता है अथवा लगा दिया जाता है। लेकिन कभी किसी ने ऐसा महसूस किया हो की सूर्य ने अपना प्रकाश किसी एक व्यक्ति को पक्षपात पूर्ण रूप से दिया हो। या अपने असीम ऊर्जा भण्डार से ऊष्मा का वितरण करते हुए किसी भी प्रकार का भेदभाव किया हो। ऐसा नहीं है। ऐसा विश्वास बनाने में सूर्य को अनन्त काल का समय लगा। तो क्यों हम अपने कार्यों के माध्यम से सभी में अपना विश्वास नहीं बना सकते हैं। निश्चय ही बना सकते हैं हमें इसकी चिंता करनी होगी। साथ ही सूर्य को आदर्श मानकर उनका प्रतिपल अनुसरण करना होगा।

सम्पूर्ण प्रकृति का मुख्य ऊर्जा का केंद्र सूर्य ही है। हम सभी को समस्त शक्तियां सूर्य से ही प्राप्त होती हैं। जिस प्रकार आत्मा के बिना शरीर का कोई भी अस्तित्व नहीं रहता है ठीक उसी प्रकार प्रकृति भी बिना ऊर्जा के निराधार है। जब हम मधुमक्खी को देखते हैं तो वो अपने मधु के लिए पुष्पों के परिक्रमा करती है ठीक उसी प्रकार धरती भी अपनी ऊर्जा प्राप्त करने के लिए सूर्य की परिक्रमा करती है।

उदाहरण के लिए यदि हम सूर्य से मिलने वाली निःशुल्क धूप का ही जिक्र करें तो हम पाते हैं कि सूर्य की धूप का यदि ठीक प्रकार से प्रयोग किया जाये तो हम विभिन्न प्रकार के असाधारण रोगों से बच सकते हैं नित्य प्रति धूप लेने मात्र से हमारे अन्दर ऊर्जा का संचार रहता है। क्या कभी आपने सूर्य को अपनी उपलब्धियों के लिए अहम् का शिकार होते देखा है या इतराते हुए। नहीं... न तो क्यों हम सूर्य का अनुसरण न करते हुए अपनी जरा सी उपलब्धि और सम्पन्नता का बिगुल बजाते हुए सातवें आसमान में चढ़ जाते हैं? जरा सोच कर देखिए।

खुद को जलाकर जग को रोशन करने की कला और कुशलता सीखनी है तो इसके लिए भी आपको सूर्य देव की ही शरण में ही जाना होगा। उनका अनुसरण करना होगा। इसलिए हमारे देश में वैदिक काल से ही सूर्य की उपासना होती आ रही है। सुबह-सुबह सभी उठकर सूर्य को हाथ जोड़कर नमस्कार करते हैं उनसे प्रार्थना करते हुए मंगलमय दिन की शुरुवात करते हैं। सूर्य को समस्त लोकों का केंद्र बिंदु माना गया है। सूर्य को हम देवता की तरह पूजते हैं इनके ही हम प्रत्यक्ष रूप से दर्शन कर सकते हैं। सूर्य की उपासना करने से अक्षय फल प्राप्त होता है। स्वयं कष्ट सहकर जग कल्याण का चिंतन करना भला सूर्य से अच्छा हमें कौन सीखा सकता है।

मनुष्य को आदर्श मानकर चलना सरल है हम मनुष्य को प्रत्यक्ष रूप से देखकर उनकी दिनचर्या की तुलना स्वयं सरलता से कर सकते हैं। हम उन जैसा बनने का प्रयास कर सकते हैं। लेकिन मनुष्य के साथ एक अपवाद सदैव से ही जुड़ा रहा है कि मनुष्य में मनुष्य जैसी प्रवर्ती तो रहेगी ही। कार्य भी उसी प्रकार होंगे और गलतियां भी होंगीं।

जीवन एक लम्बी यात्रा है जब तक नेत्र खुले रहेंगे हम देखते रहेंगे जब तक जीवन है हम अनुभव भी करते रहेंगें। उन्हीं के माध्यम से हम अच्छे और बुरे अनुभवों को महसूस करते हैं और यही हमारे जीवन में प्रेरणा का कार्य करते हैं। देखना महसूस करना, अनुभव करना यही मुख्य चरण हैं जो हमारी सोच को प्रभावित करते हैं, हो सकता है आपको सकारात्मक प्रेरणा मिले या हो सकता है नकारात्मक। यह हमारे अनुभवों पर निर्भर करेगा कि यह हमारे जीवन में किस प्रकार का असर डालेगी। हिंदी के प्रबल हस्ताक्षर कवि सोहन लाल द्विवेदी की पंक्तियाँ हैं "पर्वत कहता शीश उठाकर" स्कूल में यह पढ़ाई जाती है। प्रकृति से प्रेरणा लेने की शायद ही इससे अच्छी कविता कोई और बनी हो या किसी भी साहित्यकार ने लिखी हो।

हमारे लिए प्रेरणा रूप में बड़ी-बड़ी कहानियों और महापुरुषों के जीवन को पढ़ना और अनुसरण करना ही काफ़ी नहीं है। हमें ऐसे प्रेरणा पुंज का चयन करना होगा जो कभी भी, किसी भी विषम परिस्थितियों में भी विचलित नहीं हुआ न ही कभी उसके पथ विमुख होने

के संकेत मात्र ही मिले। जो सर्वव्यापी हो, जो हमेशा साथ रहे। इसका सम्पूर्ण विश्व में सूर्य से बड़ा दूसरा कोई उदाहरण नहीं हो सकता। हम अपने जीवन में सूर्य से स्वयं के जीवन का तुलनात्मक अध्ययन कर माध्यम से प्रेरणा पा सकते हैं। सूर्य देव सात घोड़ो के रथ पर सवार होकर हमें प्रेरणा देते हैं कि हमें सतत चलते रहना चाहिए न कभी थकना चाहिए न ही विश्राम की चिन्ता करनी चाहिए।

सूर्य की तरह आकाश में चमकना है और दुनिया में छा जाना है तो ठीक उसी प्रकार तपना भी पड़ेगा और उसी अनुशासित जीवन शैली के अनुरूप स्वयं को ढालना भी पड़ेगा।

23

नेता जी सुभाषचंद्र बोस

संस्मरण : -

एक एतिहासिक दिवस जब अंग्रेजों को खदेड़ने के बाद नेताजी ने संभाली अंडमान निकोबार की कमान

जब भी भारत की स्वतंत्रता की बात होती है, तो सभी के मन में कई क्रांतिकारियों के चेहरे दौड़ जाते हैं। लेकिन, ऐसे कितने ही आजादी के मतवाले थे जिनके नाम इतिहास के पन्नों पर दर्ज ही नहीं हुए है और ना ही उन्हें और उनके बलिदान को कोई स्मरण किया गया! बस स्वतंत्रता के नाम पर स्मरण है तो एक दिवस 15 अगस्त 1947! लेकिन, आपको जानकर आश्चर्य होगा कि इससे पहले भी ये पल आया जब अंग्रेजों से भारत के हिस्सों को छीना गया और वहां भारतीय तिरंगे को फहराया गया। उनमें से एक है अंडमान निकोबार द्वीप समूह का इतिहास...

इस क्षेत्र में 4 शताब्दीयों (8वीं - 12वीं तक) तक चोल वंश का शासन रहा। इस दौरान वह अपने नौसैनिकों को युद्ध के लिए प्रशिक्षण देने के लिए उपयोग में लाया करते थे।

16वीं शताब्दी के आस-पास इस द्वीप पर पुर्तगाली और 17वीं शताब्दी में मराठा पहुंचे। मराठा शासकों ने उस समय उनके जहाजों के लिए यहां एक अस्थायी समुद्री आधार (बेस) भी बना। इसी अंडमान से "समुद्र के शिवाजी" नाम से प्रसिद्ध मराठा नौसेना के एडमिरल कन्होजी ने ब्रिटिश और पुर्तगालियों को कड़ी चुनौती दी। इन्होंने इन द्वीपों में अपनी नौसेना को बसाया और अंडमान निकोबार के सभी द्वीपों को भारत में जोड़ा।

देश की पराधीनता की कहानी व्यापार करने की आड़ लेकर रची गई। अंग्रेजों की मंशा 1600 में ईस्ट इंडिया कंपनी की स्थापना के साथ ही बदल गई और देखते-ही-देखते इन्होंने पूरे देश को अपना गुलाम बना लिया। अंग्रेजों ने पहले समुद्री तटों पर अपनी पकड़ मजबूत बनायी। अंडमान निकोबार भी इसी में से एक था। सन 1755 में डेनिश लोग ने यहां का रुख किया और 1756 में अपनी कॉलोनी उन्होंने यहां बनाई। पहले तो इसे न्यू डेनमार्क नाम दिया गया लेकिन साल 1789 में यहां पहुँचे अंग्रेजों ने स्वभावतः सन 1868 तक इसे भी

हथिया लिया। और डेनिश शासन यहीं सिमट गया।

अंग्रेजो का शासन और भारतीयों पर उनके द्वारा शोषण

इसके बाद अंग्रेजो का शासन और भारतीयों पर उनके द्वारा शोषण लगातार चरम पर रहा। बीतते समय के साथ अंग्रेजों ने क्रूरता की सारी सीमाओं को लांघा परिणाम यह हुआ की देश में अंग्रेजों के खिलाफ गुस्सा फुट पड़ा और देश भर के अलग-अलग हिस्सों से स्वतंत्रता की स्वर उठने लगी। क्रांतिधर्मियों की टोली खुलकर विद्रोह के लिए सीना ताने सामने आने लगी। घबरायी अंग्रेजी शासन ने इसी के चलते अंडमान निकोबार में साल 1896 में एक जेल का निर्माण शुरू कराया, जो वर्ष 1906 में बनकर पूरी हुई। इस जेल का नाम रखा गया 'सेल्युलर जेल' इसे सात हिस्सों में बंटी गई थी। देश में स्वतंत्रता के लिए लड़ने वाले क्रांतकारियों को आजादी के आंदोलन से दूर करने के लिए यहां लाकर कैद कर उन्हें कई यातनाएं दी जाती थी। वीर सावरकर, पंडित परमानंद, उल्हासकर दत्त, बीरेंद्र कुमार घोष, पृथ्वी सिंह जाद, पुलिन दास, त्रिलोक नाथ चक्रवर्ती और महावीर सिंह जैसे कई महान क्रांतिकारियों ने यहां इस आत्मा को कंपा देनी वाली 'काला पानी' की सजा को भूगता था।

'आजाद हिंद फौज' और जापानी सेना का संयोग

साल 1942, अनगिनत बलिदान और अनेकों वर्षों संघर्ष करने के पश्चात भी स्वाधीनता के सूरज की लालीमा भरी एक किरण भी अब तक नसीब नहीं हुई थी। उन दिनों द्वितीय विश्व युद्ध छिड़ चुका था। जिसमें जापान ब्रिटेन के खिलाफ लड़ रहा था। इसी बीच नेताजी सुभाष चन्द्र बोस ने एशिया के विभिन्न देशों में बसे भारतीयों का सहयोग लेकर 'आजाद हिंद फौज' को संगठित कर किया। अंडमान के द्वीपों में आज़ाद हिंद फौज जब देश की स्वतंत्रता के लिए अंग्रेजों से लड़ रही थी। उसी समय जापानी सेना भी अंग्रेजों से लड़ते-लड़ते 1942 में अंडमान-निकोबार द्वीप समूह तक आ पहुंची, जिसने आज़ाद हिंद फ़ौज के लिए संजीवनी बूटी का काम किया। भीषण संघर्ष के बाद 23 मार्च 1942 को जापानी सेना ने अंडमान के द्वीपों को अपने अधिकार में ले लिया।

नेताजी ने अंडमान-निकोबार द्वीप में फहराया 'तिरंगा'

तब तक नेताजी सुभाष चंद्र बोस ने अंतरिम आजाद हिंद सरकार का गठन कर लिया था। और जापानियों के साथ नेताजी के संबंध और भी ज्यादा मजबूत हो चुके थे। जिसके चलते नेताजी ने 25 अक्टूबर 1943 को अंग्रेजी सरकार के खिलाफ युद्ध की घोषणा कर दी। वैश्विक परिद्दश्य और नेताजी बोस के साथ बन चुके मधुर संबंधों का सुखद परिणाम ये हुआ कि 6 नवंबर 1943 को अंडमान-निकोबार द्वीपों की कमान नेताजी की अंतरिम सरकार को सौंप दी गई। अंततोगत्वा 30 दिसंबर 1943 का वह एतिहासिक दिवस आ गया, जब स्वतंत्रता सेनानी और आजाद ...

24

भवसागर

भवसागर

राम, लक्ष्मण और सीता जी को सरयू नदी पार करने के बाद जब श्री राम उसे उतरे में अंगूठी देना चाहते है तो वह उतरे नहीं लेगा. जैसे उसने आप को सरयू पार कराया है एसे ही आप उसे <u>भवसागर</u> पर करा देना.

सकल सुमंगल दायक, रघु नायक गुण गान. सादर सुनहि ते तरहि <u>भव सिन्धु</u> बिना जलयान..

राम ही केवल प्रेम प्यारा. सिमर सिमर नर उतरही परा..

सनातन धर्म के सभी ग्रंथो, साहित्य में प्रभु से भवसागर से पार उतारने की प्रार्थना की गयी है. क्या है ये भवसागर, जिसे जलयान से भी पर नहीं किया जा सकता और बिना नौका के भी प्रभु कृपा से पार हुआ जा सकता है. क्या कभी यह प्रश्न मस्तिष्क में उठता है ? यदि है तो कहाँ पर है ? किस वास्तु से बना है ? आदि आदि .

यही प्रश्न कितनी बार मन में उठा. सत्संग, कीर्तन, महारिशियो के प्रवचन आदि सभी स्थानों पर इसका वर्णन हुआ है. हमारे मन में नित्य प्रति लाखो विचार उमड़ते है, ये कहाँ से आते हैं. हमारे पञ्च ज्ञानेंद्रिया है – १. आंख, २. कान, ३. नाक, ४. जिह्वा, ५. त्वचा. जिनसे क्रमशः १. रूप, २. शब्द, ३. गंध, ४. रस, और ५. स्पर्श आदि के विचार (भाव) प्रकट होते है और ये सब बुद्धि के रास्ते चित्त में पहुँचते है और विचारो का अथाह सागर बन जाता है, जो अकेले होने पर भी अकेले नहीं रहने देता. मनुष्य उस भावो के सागर में घिरा रहता है. वह वर्तमान में नहीं रह पाता और भूतकाल औत भविष्यत काल में होने वाली घटनाओ की दलदल में धसता रहता है. और अपना सम्पूर्ण मानव जीवन को अनायास ही गवा बैठता है. यही विचारो का सागर रूप, रस, गंध, स्पर्श और शब्द रूपी नदियों से प्राप्त भावो का सागर ही भवसागर कहलाता है. इससे पर होना, अर्थात विचारशून्य होना ही भवसागर पर होना है, गीता के निष्काम कर्म योग इस से पर होने का उपाय है, जब व्यक्ति किसी कार्य को करते हुए करता भाव न रख कर साक्षी भाव, परमात्मा को करता तथा स्वयम को साधन मन लेता

है तो इन अंतर्द्वंद भाव से मुक्त हो जाता है, यही ध्यान योग है. उसमे मनुष्य को उस कर्म के परिणाम की चिंता नहीं रहती. भाव (विचार)शून्य होना ही परम आनंद की प्राप्ति है. मनुष्य वास्तव में सत-चित-आनंद है, परन्तु उसने स्वयं को कर्म / भाव बन्धनों में जकड़ लिया है. मन को स्थिर करना अर्थात विचारो का विराम ही विचार शून्य होने की प्रथम स्थिति है. इसके लिए नाम जप इसलिए सार्थक है क्योकि नाम की पुनरावृत्ति से मन स्थिर होने लगता है और शांत हो जाता है, मन में विचारो का प्रसार होते समय हमारी उर्जा व्यय होती है और मन शांत होने पर उर्जा उपरिगामी हो जाती है और ब्रह्माण्ड में पहुचती है. इससे ब्रह्माण्ड से परम शक्ति प्राप्त होती है. मन, मस्तिक और शरीर स्वस्थ होकर उर्जावान हो जाता है. मनुष्य परम सत्ता से उपर उठ जाता है और उसका सर्वशक्तिमान रूप प्रकट हो जाता है जो की अवर्णनीय है. यह सब नित्य, निरंतर और सतत अभ्यास से ही संभव है. प्राचीन ऋषि मुनि महायोगी इस प्रयोग को निरंतर करते थे. आज भी ब्रह्ममुहूर्त में ऋषियो के सूक्ष्म रूप का आभास यदाकदा हो जाता है.

साभार एवं चित्र सम्बंधित

संदर्भित पुस्तके
1. शिव महापुराण.
2. यजुर्वेद
3. ऋग्वेद
4. सामवेद
5. अथर्ववेद
6. श्रीमद्भागवत्गीता
7. बाल्मीकि रामायण
8. काम्ब रामायण
9. मनु स्मृति
10. धम्मपद
11. गुरुग्रिन्थ साहिब
सम्बंधित चित्र

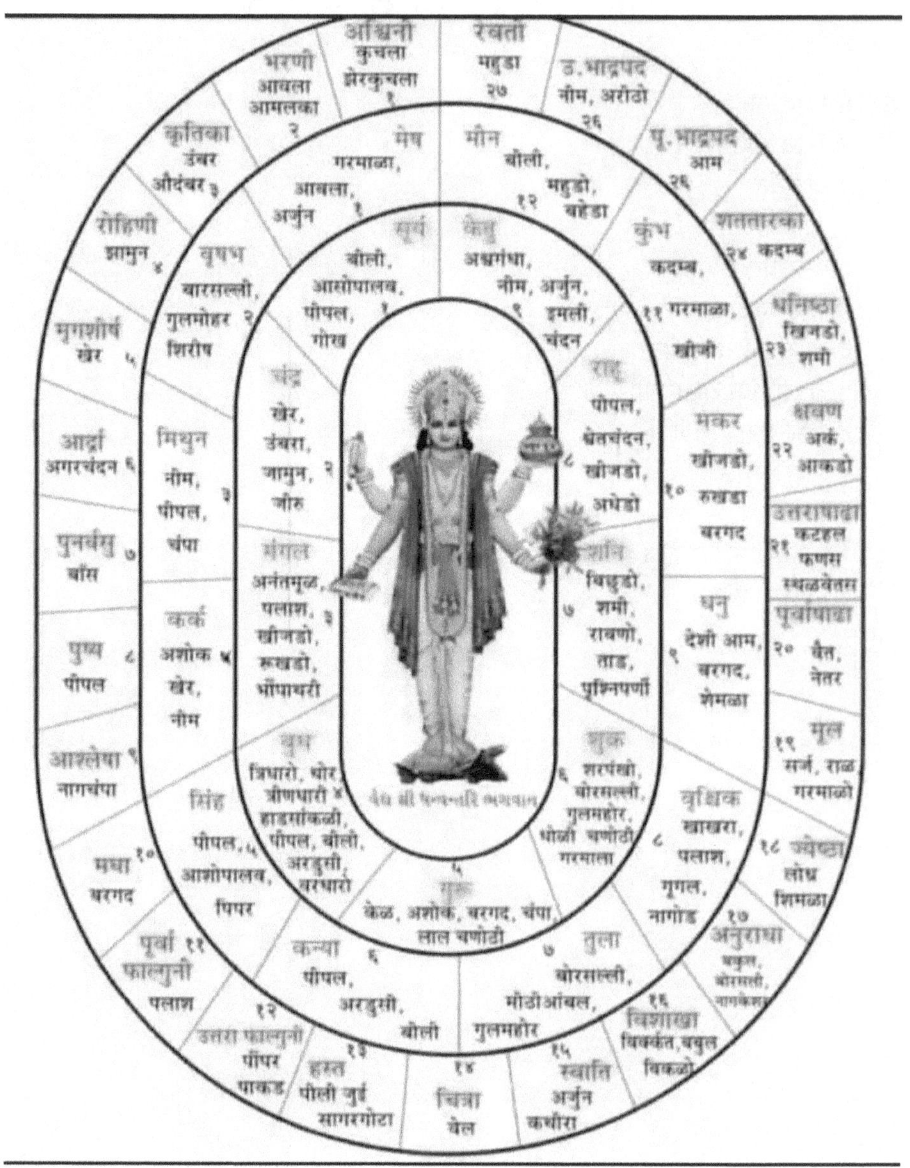

भगवन धन्वन्तरी एवं गृह नक्षत्र से संबंधित वृक्ष

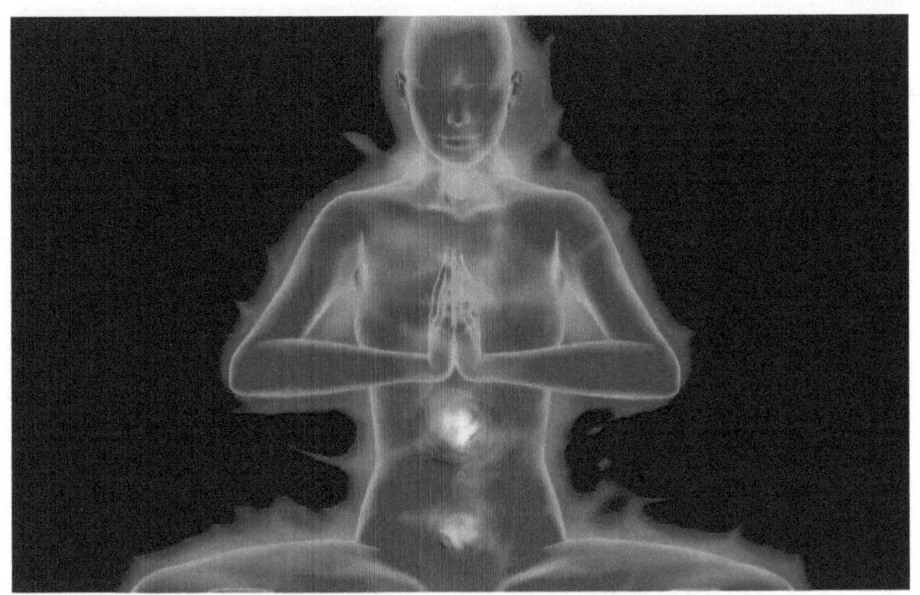

चक्र जागरण प्रक्रिया

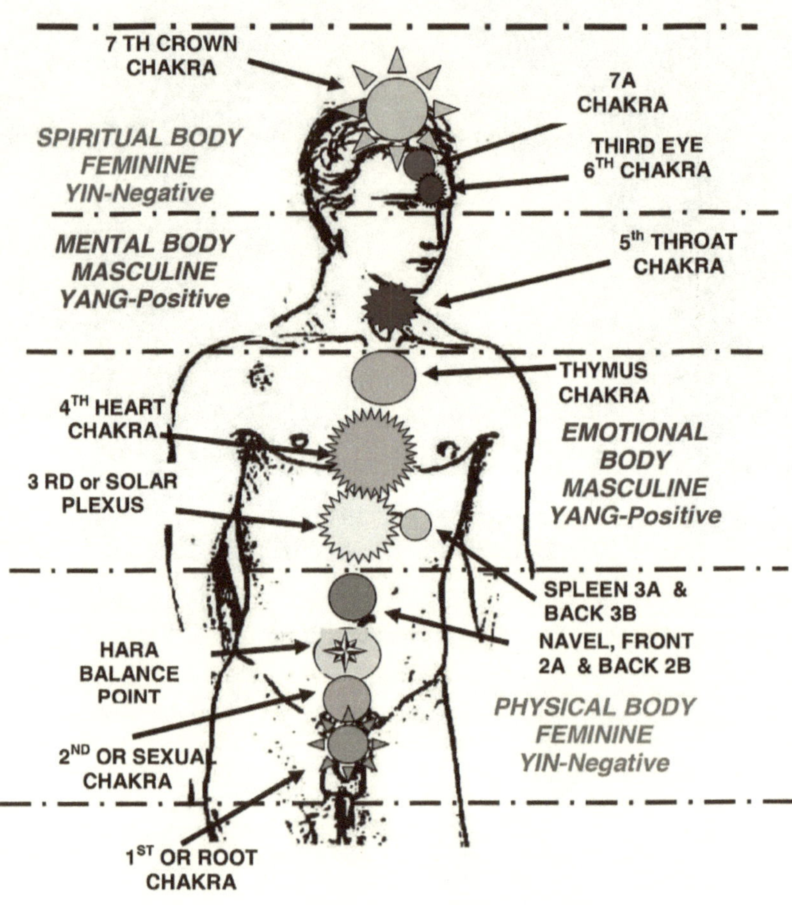

चक्रों का मानव शरीर से सम्बन्ध

CHAKRA NAMES, PURPOSE & LOCATION	MUDRA	PROCEDURE	MANTRA & CHAKRA COLOUR	CHAKRA SYMBOL
1. **ROOT CHAKRA** MULADHARA (SURVIVAL) Base of Spine, on Perineum.		Thumb & Index fingers touch. Arms Straight, hands on knees. Chakra Sound… Long L·A·A·A·A·M.	LAM	
2. **SACRAL CHAKRA** SWADHISTHANA (CREATIVITY) Hips		Place Hands in your lap with your palms facing upwards, right palm resting on top of left. Chakra Sound… Long V·A·A·A·A·M.	VAM	
3. **SOLAR PLEXUS CHAKRA** MANIPURA (WILL POWER) Two Inches Below Naval		Place Hands between your heart and your stomach. Chakra Sound… Long R·A·A·A·A·M.		
4. **HEART CHAKRA** ANAHATA (LOVE) Heart		Right Hand- Index finger and thumb touching at Heart Centre. Left Hand in same Mudra resting on the Knee. Chakra Sound… Long Y·A·A·A·A·M.	YAM	
5. **THROAT CHAKRA** VISHUDDA (EXPRESSION) Throat		Hands by Stomach, fingers interlaced and thumb tips touching. Focus on Throat Chakra. Chakra Sound… Long H·A·A·A·A·M.	HAM	
6. **THIRD EYE CHAKRA** AJNA (INTUITION, WISDOM) Third Eye		Hands in front of the lower part of your breast, Middle fingers stand up tips touching, other fingers bent at first joint as shown. Chakra Sound… Long A·A·A·U·U·M.	AUM	
7. **CROWN CHAKRA** SAHASRARA (SPIRITUAL CONNECTION) Crown		Hands in front of your stomach, fingers interlaced, Little fingers pointing upwards. Chakra Sound… Long A·A·A·A·N·G.	ANG	

चक्र शुद्धिकरण की मुद्रए एवं मन्त्र

त्राटक ध्यान स्थिति